“税务干部培训教学题例精解”丛书征订单

本套丛书首发《综合管理》《税收政策法规》《税务稽查》《纳税服务》四个分册。以习近平新时代中国特色社会主义思想为指导，以高质量的税务培训教学为目的，以大量生动活泼、贴近税收工作实际的鲜活案例为基础，以对答案和相关要点进行释解为基本模式，以期提高税务干部适应税收新业务的能力、分析和解决现实问题的能力、思考感悟的能力和学习能力。本套丛书于2019年5月由中国财政经济出版社出版。

一、　征订方式(请选择其中一种方式填写电子订购单)

我社提供对公转账和微店下单（个人垫付）两种订购方式，请复制下方链接到网页在线填写订单。选择对公转账的订购单位提交订单后，需自行汇款；选择微店下单的订购单位请按照提示去微店下单付款，发票请到宝贝详情中申请。

二、汇款地址和联系方式

1.银行汇款资料：

收款单位：中国财政经济出版社　　　　　开户银行：北京银行北洼路支行

账　号：01090307400120102086779

2.联系方式：

联 系 人：李亚京 董文彦

电子邮箱：liyj@cfemg.cn

联系电话：010-88191539　　010-88190446

QQ群（电子订单下载）：941956634

（请在群内文件里下载此订单电子版，全员禁言，可双击管理员头像单独联系）

三、订书注意事项

1.汇款时请在备注处注明书名。

2.征订原则为书款到账后发书、邮寄发票。

3.汇款后15天未收到书和发票，请联系相关人员办理查询业务，3个月内有效。

4.订购邮费标准：一次性订购1-27册，每册加收10元运费，一般通过圆通邮寄；订购28册（含）以上免运费，一般通过汽运邮寄，送货大院门口（自行选购快递方式除外）。

5.汇款金额200元（含）以下单位均开具增值税普通发票；微店购书目前只支持增值税普通发票；符合条件的单位如果申请专票，请将专票六项信息写全。

书号	书　名	参考单价
18906	《综合管理》	48.00
18907	《税收政策法规》	58.00
18905	《税务稽查》	52.00
18904	《纳税服务》	40.00
	一套四本	198.00

<table>
<tr><td colspan="3">请复制链接到网页填写或扫码手机填写电子订单（请选择其中一种方式）</td></tr>
<tr><td>电脑填写电子订单
（请复制链到网页在线填写订单）</td><td>http://fghb2018168.mikecrm.com/ndc7lEM</td><td rowspan="2">请注意！电脑或手机扫码提交订单只需要选择其中一种方式！</td></tr>
<tr><td>手机扫码填写订单（微信扫码）</td><td></td></tr>
<tr><td>订单使用说明</td><td colspan="2">复制上方链接（或扫码）到网页可填写电子订单，内容包括发票信息、邮寄信息、订购详情等，按照电子订单内容顺序填写并提交或选择微店下单购买。</td></tr>
</table>

税务干部培训教学题例精解

纳税服务

中央财经大学税收教育研究所　编著

中国财经出版传媒集团
中国财政经济出版社

图书在版编目（CIP）数据

纳税服务／中央财经大学税收教育研究所编著．—北京：中国财政经济出版社，2019.4

（税务干部培训教学题例精解）

ISBN 978-7-5095-8904-5

Ⅰ．①纳…　Ⅱ．①中…　Ⅲ．①税收管理-中国-干部培训-教材　Ⅳ．①F812.423

中国版本图书馆CIP数据核字（2019）第046278号

责任编辑：翁晓红　　　　　　　　　责任校对：胡永立

封面设计：孙俪铭

中国财政经济出版社出版

URL：http：//www.cfeph.cn

E-mail：cfeph@cfeph.cn

社址：北京市海淀区阜成路甲28号　邮政编码：100142

营销中心电话：010-88191537

北京时捷印刷有限公司印刷　各地新华书店经销

787×1092毫米　16开　14印张　205 000字

2019年5月第1版　2019年5月北京第1次印刷

定价：40.00元

ISBN 978-7-5095-8904-5

（图书出现印装问题，本社负责调换）

本社质量投诉电话：010-88190744

打击盗版举报热线：010-88191661　QQ：2242791300

序

习近平总书记在第五批全国干部学习培训教材序言中指出：善于学习，就是善于进步。

成长为一个好干部，一靠自身努力，二靠组织培养。《2018—2022年全国干部教育培训规划》提出，引导和帮助干部丰富专业知识、提升专业能力、锤炼专业作风、培育专业精神，以新理论、新知识、新技术、新方法为主要内容，以高精尖缺和骨干专业技术人才为主要对象，加强专业技术人员培训。国家税务总局2019年全国税务工作会议明确要求，认真落实好《2018—2022年全国税务系统干部教育培训规划》，开展多层次、大范围税务干部培训。要以岗位胜任力为重点，实施干部专业化能力提升计划，特别是加强对新业务知识的培训。

全国税务教育培训多年实践发展的过程，实质也是鼓励新思路、新方法勇于实践探索的过程。中央财经大学税收教育研究所组织编写的“税务干部培训教学题例精解”系列丛书，可谓是税务教育培训方法实践探索长河中的一朵浪花。这套丛书以习近平新时代中国特色社会主义思想为指导，以高质量的税务培训教学为目的，以大量生动活泼、贴近税收工作实际的鲜活案例为基础，以对答案和相关要点进行释解为基本模式，以期提高税务干部适应税收新业务的能力、分析和解决现实问题的能力、思考感悟的能力和学习能力。

本套丛书首发《综合管理》《税收政策法规》《税务稽查》《纳税服务》四个分册，每册根据专业特点自成体系，其内容紧紧围绕相关应知应会知识，涵盖综合文秘、税收政策、纳税服务、税务稽查等方面，突出党建工作、减税降费、社保和非税收入等业务，着眼于不断增强税务干部队伍适应新时代党和国家税收事业发展要求的能力。

本套丛书依据最新的税收法律法规、政策制度和相关规定，关注税收征管改革和税收政策调整的最新动向，围绕税收工作重点、难点和热点问题，体现三个特点：一是专业性，在内容设计和知识点分布上围绕税收中心工作和重点工作，依据现行税收征管体制和征管方式，按税收工作岗位类别组织内容，专业性较强。二是实用性，大量使用税收实际工作中真实生动的案例和材料，尽量实现情景再现，还原实际工作场景，贴近税收工作，注重实用性。三是有效性，主要通过对案例和习题的释解，以问答或习题精解的方式帮助税务干部熟悉业务和相应的知识点，为税务干部业务学习和能力提升提供方法指导和参考资料；同时，本套丛书也可作为财经类院校税收专业学生的教学案例和实训素材。

是为序。

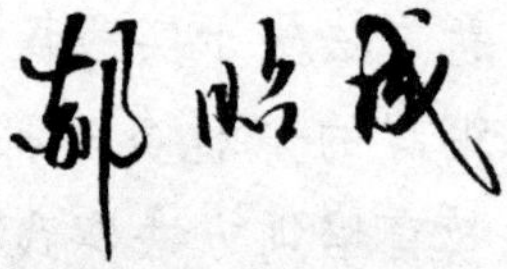

2019 年 4 月

编写说明

“税务干部培训教学题例精解”之一《纳税服务》以《全国税务机关纳税服务规范》和《纳税人办税指南》的主要内容为知识框架，以全面梳理纳税服务岗位需要掌握的税收政策要点、业务办理流程、服务制度规定为主要目标，以对相应题例的文件依据、解题思路、参考文件进行全面说明为主要形式，对纳税服务岗位工作人员经常遇到的热点、难点、疑点进行详细解析，以达到帮助纳税服务岗位工作人员熟练掌握本岗位相关知识要点并提升对政策规定综合运用能力的工作目标。

本书以《纳税人办税指南》相关内容为主要依据和业务线索，结合工作实际，将清税注销与信息报告两个部分进行结合，并将信用评价、权益保护、涉税专业服务规范和《全国税务机关纳税服务规范》中纳税服务管理规定相关内容进行融合，形成“纳税服务制度及管理规定”，同时保留了发票办理、申报征收、税收优惠、证明办理等纳税服务岗位日常业务办理中需要重点掌握的核心内容。

本书既融合了《全国税务机关纳税服务规范》和《纳税人办税指南》的相关内容，也归集了截至2019年2月办税服务厅前台工作人员经常遇到的税收政策、办税流程规定，更包含了国税地税机构改革之后实施的各项纳税服务管理规定，以教学题例的形式，通过提出题例、给出答案、答案精解，对纳税服务岗位需要全面掌握的税收政策和熟练运用的管理规定进行了全面梳理。

由于作者水平有限，书中难免有不足和错漏，敬请广大读者不吝指正，以便我们修正时予以完善。

编　者

2019 年 4 月

目　　录

第一章　信息报告与清税注销管理

一、单选题

1. 以下（　　）类型的组织在目前阶段仍需要办理税务登记并领取税务登记证件。

A. 新设立的企业　　B. 新设立的个体工商户

C. 新设立的农民专业合作社　　D. 新设立的事业单位

【参考答案】D

【答案解析】根据《纳税人办税指南》的相关规定，按照“多证合一”等商事制度改革要求，领取加载统一社会信用代码证件的，企业、农民专业合作社、个体工商户及其他组织无须单独到税务机关办理该事项，其领取的证件作为税务登记证件使用。

“多证合一”改革之外的其他组织，如事业单位、社会组织、律师事务所、境外非政府组织等，应当依法向税务机关办理税务登记，领取税务登记证件。

2. 兴泰公司是一般纳税人企业，其总分支机构不在同一个市，总机构已申请办理一般纳税人资格登记手续，其分支机构应如何办理相关登记手续，税务机关回复正确的是（　　）。

A. 在总机构所在地申请办理一般纳税人登记手续

B. 不必申请，自动被视为一般纳税人

C. 在临时销售地申请办理一般纳税人资格登记手续

D. 在分支机构所在地申请办理一般纳税人资格登记手续

【参考答案】D

【答案解析】根据《国家税务总局关于增值税一般纳税人登记管理办法》规定，纳税人应当向其机构所在地主管税务机关办理一般纳税人登记手续。

3. 以下对于纳税人在信息报告业务办理过程中相应时限的描述，错误的是（　　）。

A. 从事生产、经营的纳税人应当自开立基本存款账户或者其他存款账户之日起 15 日内，向主管税务机关报告其全部账户账号

B. 当纳税人的账户账号发生变化时，应当自发生变化之日起 30 日内，向主管税务机关报告

C. 从事生产、经营的纳税人应当自首次办理涉税事宜之日起 15 日内，将其财务、会计制度或者财务、会计处理办法等信息报送税务机关备案

D. 个人以非货币性资产投资一次性缴税有困难，选择自发生应税行为之日起不超过 5 个公历年度内（含）分期缴纳的，应当于取得被投资企业股权之日的次月 15 日内向主管税务机关报告

【参考答案】B

【答案解析】根据《纳税人办税指南》信息报告相关规定，ACD 选项符合规定，B 选项应为：账户账号发生变化的，应当自发生变化之日起 15 日内，向主管税务机关报告。

4. 下列企业变动的情形中，需要注销原有税务登记的是（　　）。

A. 安能公司由国有企业改制为股份制企业

B. 百合物业有限公司改变经营范围

C. 顺达公司被工商登记部门吊销营业执照

D. 优美实业更换法人代表

【参考答案】C

【答案解析】根据《中华人民共和国税收征收管理法实施细则》第十五条第三款："纳税人被工商行政管理机关吊销营业执照或者被其他机关予以撤销登记的，应当自营业执照被吊销或者被撤销登记之日起 15 日内，向原税务登记机关申报办理注销税务登记。"

5. 下列事项办结时限为 5 个工作日的是（　　）。

A. 信息确认

B. 财务制度报告

C. 定期定额个体工商户注销税务登记

D. 简化注销税务登记

【参考答案】C

【答案解析】根据《纳税人办税指南》，定期定额个体工商户注销税务登记在税务机关自受理之日起 5 个工作日办结，涉及税务检查的，检查时间不在此时限内。D 选项当日办结，能即时办结的则当场办结。其他选项为即时办结。

6. 下列关于注销税务登记的说法，正确的是（　　）。

A. 按照简化注销税务登记流程办理的，即时办结

B. 企业注销后账簿至少保留 5 年

C. 已注销税务登记纳税人，不再允许恢复税务登记户籍

D. “一照一码”纳税人注销事项办理完结后，开具《税务事项通知书》交给纳税人

【参考答案】A

【答案解析】B 选项根据《中华人民共和国税收征收管理法实施细则》（国务院令第 362 号）第二十九条：“账簿、记账凭证、报表、完税凭证、发票、出口凭证以及其他有关涉税资料应当保存 10 年。”因此，企业注销后，账簿等涉税资料应当保存 10 年，不得擅自销毁。

C 选项已被批准注销或非正常注销后又重新恢复经营的纳税人，向原辖区税务机关重新办理税务登记。

D 选项根据《纳税人办税指南》，按照“一照一码”登记制度设立的纳税人因发生解散、破产、撤销以及其他情形需要在工商登记机关办理注销登记的，须先向主管税务机关申报清税，税务机关确认纳税人结清应纳税款、多退（免）税款、滞纳金和罚款、相关证件所有税务事项后，向纳税人出具《清税证明》，提示其凭税务机关开具的《清税证明》办理工商登记注销。

7. 某公司选择简易注销需要通过国家企业信用信息公示系统《简易注销公告》专栏，主动向社会公告拟申请简易注销登记及全体投资人承

诺等信息，公告期为（　　）天。

A. 10　　B. 15

C. 30　　D. 45

【参考答案】D

【答案解析】根据《全国税务机关纳税服务规范》，企业纳税人应通过国家企业信用信息公示系统《简易注销公告》专栏主动向社会公告拟申请简易注销登记及全体投资人承诺等信息，公告期为45天。

8. 未两证整合也未实名办税的定期定额个体工商户洋洋餐饮因违规使用食品添加剂被工商吊销营业执照到办税服务厅办理注销，需要报送的资料不包括（　　）。

A.《注销税务登记申请审批表》

B. 税务登记证件及其副本

C. 市场监督管理机关发出的吊销工商营业执照决定复印件

D. 业主身份证原件及复印件

【参考答案】D

【答案解析】根据《纳税人办税指南》，清税注销（定期定额个体工商户）需要报送的材料有：《注销税务登记申请审批表》；被市场监督管理机关吊销营业执照的，报送市场监督管理机关发出的吊销工商营业执照决定复印件；未启用统一社会信用代码的，需要报送税务登记证件和其他税务证件。

9. 一般纳税人甲企业因经营不善，股东会决议解散，其办税人员到办税厅办理注销登记，不需要报送的资料是（　　）。

A.《清税申报表》

B. 董事会决议原件及复印件

C. 增值税防伪税控设备和《发票领用簿》及未验旧、未使用的发票

D. 资产评估报告

【参考答案】D

【答案解析】根据《纳税人办税指南》，清税注销（单位及查账征收个体工商户）需要报送的材料有：《清税申报表》或《注销税务登记申请审批表》；上级主管、董事会决议解散的，报送上级主管部门批复文件或

董事会决议复印件；领用发票的纳税人报送《发票领用簿》及未验旧、未使用的发票；使用增值税防伪税控设备的纳税人报送增值税防伪税控设备。

10. 甲公司2018年12月21日在办税服务厅办理《清税证明》，该公司最迟应在（　　）到工商部门办理注销手续，否则将被纳入税收风险管理范围。

A. 2018年12月30日　　B. 2019年1月19日

C. 2019年2月18日　　D. 2019年1月4日

【参考答案】B

【答案解析】根据《全国税务机关纳税服务规范》，税务机关税源管理部门要加强与同级工商部门的沟通和联系，确保注销数据交换共享工作。对于清税证明开具超过30天未到工商部门办理注销手续的，要纳入税收风险管理范围。

11. 关于对定期定额个体工商户申请注销税务登记的情形，下列表述错误的是（　　）。

A. 个体户甲经营不善导致破产

B. 个体户乙从某市A区一街迁往二街，未改变税务登记机关

C. 个体户丙违规经营被市场监督管理机关吊销营业执照

D. 个体户丁被有关机关宣告终止经营

【参考答案】B

【答案解析】根据《纳税人办税指南》，定期定额个体工商户（以下简称纳税人）发生以下情形，向税务机关申请税务注销。具体包括：(1)因解散、破产、撤销等情形，依法终止纳税义务的；(2)按规定不需要在市场监督管理机关或者其他机关办理注销登记的，但经有关机关批准或者宣告终止的；(3)被市场监督管理机关吊销营业执照或者被其他机关予以撤销登记的。

12. 单位纳税人办理注销税务登记的情形，描述正确的是（　　）。

A. “一照一码”纳税人破产后，应当在向工商行政管理机关办理注销登记之后15日内，办理注销税务登记

B. 境外企业在中华人民共和国境内承包建筑项目，项目完工、离开

中国的，应当在项目完工、离开中国后15日内，申报办理注销税务登记

C. 外国企业常驻代表机构驻在期届满、提前终止业务活动的，应当在届满或提前终止业务前，申报办理注销税务登记

D. 非境内注册居民企业经国家税务总局确认终止居民身份的，应当自收到主管税务机关书面通知之日起30日内，向主管税务机关申报办理注销

【参考答案】C

【答案解析】根据《纳税人办税指南》："3. 依法终止纳税义务的纳税人，应当在向市场监督管理机关或者其他机关办理注销登记之前申报办理税务注销；被市场监督管理机关吊销营业执照或者被其他机关予以撤销登记的，应当自营业执照被吊销或者被撤销登记之日起15日内，向原税务登记机关申报办理税务注销。4. 非境内注册居民企业经国家税务总局确认终止居民身份的，应当自收到主管税务机关书面通知之日起15日内，向主管税务机关申报办理注销。境外企业在中国境内承包建筑、安装、装配、勘探工程和提供劳务的，应当在项目完工、离开中国前15日内，持有关证件和资料，向原税务登记机关申报办理注销。"

13. 双定户甲向税务机关申请注销，税务机关在核查过程中可以中止其办理时限的情形是（ ）。

A. 税务机关发现甲涉嫌偷逃税款

B. 税务机关发现甲2018年第四季度的增值税未申报

C. 税务机关发现甲有一条违法记录尚未处理

D. 税务机关甲未进行实名认证

【参考答案】A

【答案解析】根据《纳税人办税指南》："税务机关自受理之日起5个工作日办结，涉及税务检查的，检查时间不在此时限内。若在核查检查过程中发生以下情形的，办理时限中止，待相关事项办理完毕后方可继续办理注销事宜，办理时限继续计算：1. 发生涉嫌偷逃骗抗税或虚开发票等重大事项的……"

14. "一照一码"企业甲到税务机关申请注销登记，以下说法不正确的有（ ）。

A. 甲应就其清算所得向税务机关申报并依法缴纳企业所得税

B. 甲尚未办理土地增值税清算手续，应先进行土地增值税清算再办理注销登记

C. 甲尚未进行实名登记，必须先办理实名登记再注销

D. 甲 2018 年 12 月申请的退税尚未办结，应先办结退税再注销

【参考答案】C

【答案解析】ABD 选项根据《纳税人办税指南》："2. 纳税人申请税务注销前，应当结清应纳税款、多退（免）税款、滞纳金和罚款，缴销发票和其他税务证件。（1）纳税人应当在办理注销登记前，就其清算所得向税务机关申报并依法缴纳企业所得税。……按《公司法》《企业破产法》等规定需要进行清算的企业或者企业重组中需要按清算处理的企业应当进行清算的所得税处理；（2）纳税人未办理土地增值税清算手续的，应在申请办理注销前进行土地增值税清算。"

C 选项根据实名办税有关文件规定，清税注销属于实名事项，纳税人办理清税注销前，应当进行实名信息采集和验证。同时文件规定，对于拒绝进行实名信息采集、验证，但能够依法提供营业执照、身份证件等相关资料的纳税人，税务机关可以为其办理实名事项。

15. A 企业于 2018 年 1 月成立，2019 年 1 月向市场监管部门申请简易注销，如可免予到税务机关办理清税证明，需符合以下条件的是（　　）。

A. 该企业 2018 年 2 月到税务机关办理信息确认并领用增值税发票

B. 该企业在市场监管部门登记后从未营业

C. 该企业 2018 年 12 月逾期申报被罚款，尚未结清

D. 该企业 2019 年 1 月的个人所得税尚未申报

【参考答案】B

【答案解析】根据《国家税务总局关于进一步优化办理企业税务注销程序的通知》（税总发〔2018〕149 号）："一、实行清税证明免办服务　对向市场监管部门申请简易注销的纳税人，符合下列情形之一的，可免予到税务机关办理清税证明，直接向市场监管部门申请办理注销登记：（一）未办理过涉税事宜的；（二）办理过涉税事宜但未领用发票、

无欠税（滞纳金）及罚款的。”

二、多选题

1. 纳税人发生相关的涉税业务，需要于30日内向税务机关进行相应报告的有（　　）。

A. 发包人应当自发包后，将承包人的有关情况向税务机关报告

B. 履行个人所得税代扣代缴义务的扣缴义务人，应当自扣缴义务发生后，向机构所在地税务机关报告

C. 负有扣缴义务的非境内注册居民企业，应当自扣缴义务发生后向主管税务机关报告

D. 从事生产、经营的纳税人应当自开立基本存款账户或者其他存款账户之后，向主管税务机关报告其全部账户账号

【参考答案】ABC

【答案解析】ABC选项均为纳税义务发生之日起30日内向税务机关报送相关材料；选项D应当为从事生产、经营的纳税人应当自开立基本存款账户或者其他存款账户之日起15日内，向主管税务机关报告其全部账户账号。

2. 某个体工商户到主管税务机关办税服务厅办理停业报告，前台人员要求其提供《停业复业报告书》2份、税务登记证正副本、经营者身份证原件及复印件才可办理。纳税人认为办税服务厅人员故意刁难自己，便拨打了该市税务局纳税服务科投诉电话进行投诉。下列有关纳税服务科的投诉处理，正确的是（　　）。

A. 纳税服务科不受理，让纳税人向主管税务局进行投诉

B. 受理纳税人投诉，作为对服务质效不满意进行处理

C. 受理后转给该企业主管税务局调查处理

D. 该投诉应在20个工作日内办结

【参考答案】CD

【答案解析】AC选项根据《纳税服务投诉管理办法》第十八条：“税务机关收到投诉后，应于2个工作日内进行审查，决定是否受理，并分别按下列方式处理：（一）投诉事项符合本办法规定受理范围，按照

‘属地管理、分级负责’的原则处理；（二）本办法规定范围以外的投诉事项应分别依照相关规定告知投诉人向有权处理的部门投诉或者转有权处理的部门处理；（三）对于投诉要件不全的，应当及时与投诉人取得联系，补正后予以受理。”

B 选项根据《纳税人办税指南》：“纳税人办理停复业需报送的资料包括：(1)《停业复业报告书》2 份；(2) 税务登记证件。”《纳税服务投诉管理办法》第十一条规定：“侵害纳税人合法权益的投诉，是指纳税人认为税务机关及其工作人员在履行纳税服务职责过程中未依法执行现行税收法律法规规定，侵害纳税人的合法权益而进行的投诉。具体包括……（二）税务机关及其工作人员擅自要求纳税人提供规定以外资料的；……”题中前台人员要求提供的资料超出规定的范围，因此该投诉属于侵害纳税人合法权益的投诉。

D 选项根据《纳税服务投诉管理办法》第三十条：“……纳税人因服务质效和侵犯权益进行的纳税服务投诉事项，应当在 20 个工作日内办结……”

3. 以下纳税人发生的事项，不需要办理清税注销的有（　　）。

A. 甲企业扩大经营范围，由单一生产销售 A 电子产品转为生产销售 A、B、C 电子产品并提供设计劳务

B. 乙企业原为国有企业，改制为股份制企业

C. 丙企业在 A 市注册经营，现在 B 市设立一独立核算的分公司

D. 丁企业在 A 市注册经营，现在准备迁至 B 市

【参考答案】ABC

【答案解析】ABC 选项属于变更税务登记，其范围有：改变名称；改变法人代表；改变经济性质；增设或撤销分支机构；改变住所或经营地点（涉及主管税务机关变动的办理注销登记）；改变生产、经营范围或经营方式；增减注册资本；改变隶属关系；改变生产经营期限；改变开户银行和账号；改变生产经营权属以及改变其他税务登记内容。

D 选项根据《纳税人办税指南》：“（一）单位及查账征收个体工商户（以下简称纳税人）发生以下情形，应当向税务机关申请税务注销。具体包括：……4. 因住所、经营地点变动，涉及改变税务登记机关的……”

4. 符合清算条件的企业所得税纳税人甲企业在申请注销税务登记时，应完成的涉税事项包括（　　）。

A. 完成企业所得税月（季）度预缴申报

B. 以整个清算期间作为一个纳税年度，计算清算所得及其应纳所得税在清算结束之日起15日内办理申报

C. 完成清算年度当期汇算清缴申报

D. 不需要进行当年年度企业所得税纳税申报，但须完成企业所得清算申报

【参考答案】ABC

【答案解析】B选项根据《国家税务总局关于企业清算所得税有关问题的通知》（国税函〔2009〕684号）："一、企业清算时，应当以整个清算期间作为一个纳税年度，依法计算清算所得及其应纳所得税。企业应当自清算结束之日起15日内，向主管税务机关报送企业清算所得税纳税申报表，结清税款。"D选项根据《全国税务机关纳税服务规范》所得税清算。需进行企业所得税清算的纳税人，应依次完成清算年度当期汇算清缴申报、清算申报，并结清税款。

5. M企业2018年10月成立，2019年1月向市场监管部门申请简易注销，（　　）可免予到税务机关办理清税证明。

A. 该企业到税务机关办理过涉税事宜但未领用发票、无欠税（滞纳金）及罚款

B. 该企业在市场监管部门登记后从未营业，也没有到税务机关办理涉税事宜

C. 该企业有逾期申报被罚款，尚未结清

D. 该企业有欠税尚未结清

【参考答案】AB

【答案解析】根据《国家税务总局关于进一步优化办理企业税务注销程序的通知》（税总发〔2018〕149号）："一、实行清税证明免办服务
对向市场监管部门申请简易注销的纳税人，符合下列情形之一的，可免予到税务机关办理清税证明，直接向市场监管部门申请办理注销登记：（一）未办理过涉税事宜的；（二）办理过涉税事宜但未领用发票、无欠

税（滞纳金）及罚款的。”

6. 以下纳税人未处于税务检查状态、无欠税（滞纳金）及罚款、已缴销增值税专用发票及税控专用设备，清税注销时可以采取“承诺制”容缺办理的有（　　）。

A. 2018 年纳税信用级别为 A 级的甲企业

B. 2018 年无生产经营业务收入且年度评价指标得分 70 分以上，其控股母公司 2018 年纳税信用级别为 A 级的乙企业

C. 未纳入纳税信用级别评价的定期定额个体工商户

D. 每月营业额不足 3 万元的丙企业

【参考答案】ABCD

【答案解析】根据《国家税务总局关于进一步优化办理企业税务注销程序的通知》（税总发〔2018〕149 号）：“二、优化税务注销即办服务
对向市场监管部门申请一般注销的纳税人，税务机关在为其办理税务注销时，进一步落实限时办结规定。对未处于税务检查状态、无欠税（滞纳金）及罚款、已缴销增值税专用发票及税控专用设备，且符合下列情形之一的纳税人，优化即时办结服务，采取‘承诺制’容缺办理，即：纳税人在办理税务注销时，若资料不齐，可在其作出承诺后，税务机关即时出具清税文书：（一）纳税信用级别为 A 级和 B 级的纳税人；（二）控股母公司纳税信用级别为 A 级的 M 级纳税人；（三）省级人民政府引进人才或经省级以上行业协会等机构认定的行业领军人才等创办的企业；（四）未纳入纳税信用级别评价的定期定额个体工商户；（五）未达到增值税纳税起征点的纳税人。”

7. 下列事项非即时办结的有（　　）。

A. 车船税完税凭证换开　　B. 非正常户解除

C. 对纳税人变更纳税定额的核准　　D. 单位纳税人清税注销

【参考答案】BCD

【答案解析】根据《纳税人办税指南》，车船税完税凭证换开为即时办结事项；非正常户解除办结时限为 10 个工作日；对纳税人变更纳税定额的核准办理时限为 20 个工作日；单位纳税人清税注销的办理时限为 20 个工作日。

8. 纳税人到办税服务厅咨询注销事宜，导税员的说法不正确的有（　　）。

A. 导税员告知纳税人填写《清税申报表》

B. 导税员告知纳税人将经办人身份证原件和复印件带来

C. 导税员得知已办理实名办税的纳税人未启用统一社会信用代码，告知纳税人将税务登记证件和其他税务证件原件带来

D. 导税员得知纳税人是被市场监管部门吊销营业执照，告知纳税人将市场监督管理机关发出的吊销工商营业执照决定带来

【参考答案】BCD

【答案解析】根据《纳税人办税指南》："单位及查账征收个体工商户（以下简称纳税人）发生以下情形，应当向税务机关申请税务注销应报送的资料有：《清税申报表》或《注销税务登记申请审批表》2 份；以下为条件报送资料：被市场监督管理机关吊销营业执照的，市场监督管理机关发出的吊销工商营业执照决定复印件 1 份；上级主管、董事会决议解散的，上级主管部门批复文件或董事会决议复印件 1 份；未启用统一社会信用代码的，税务登记证件和其他税务证件 1 份，已实行实名办税的纳税人免予提供。"

9. 税务机关可以通过相关途径查询纳税人是否已向市场监管（工商）部门申请了简易注销信息，这里的相关途径是指（　　）。

A. 金三系统"工商简易注销公告信息查询"

B. 金三系统"简易注销清册"

C. 金三系统"税务注销受理"

D. 金三系统"注销税务登记受理"

【参考答案】AB

【答案解析】对已向市场监管（工商）部门申请简易注销的纳税人，税务机关通过金税三期系统"工商简易注销公告信息查询"或"简易注销清册"模块查询到工商简易注销公告情况。

10. 甲公司为按照"一照一码"登记制度设立的纳税人，于 2019 年 1 月 31 日向主管税务机关申请清税注销，以下说法不正确的是（　　）。

A. 税务人员要求甲公司提供经办人身份证明，甲公司以侵犯纳税人

合法权益为由投诉，税务机关应该受理

B. 税务人员要求甲公司提供经办人身份证明，甲公司以税务机关服务质效不高为由投诉，税务机关应该受理

C. 税务人员以甲公司有未办结涉税事项为由要求甲公司办结未结事项，甲公司以税务人员在履行职责过程中侵害其合法权益为由投诉，税务机关应该受理

D. 税务人员以甲公司有未办结涉税事项为由要求甲公司办结未结事项，甲公司以税务机关服务质效不高为由投诉，税务机关应该受理

【参考答案】BCD

【答案解析】根据《纳税人办税指南》，单位及查账征收个体工商户（以下简称纳税人）发生以下情形，应当向税务机关申请税务注销应报送的资料有：《清税申报表》或《注销税务登记申请审批表》2 份。根据《国家税务总局关于修订〈纳税服务投诉管理办法〉的公告》（国家税务总局公告 2015 年第 49 号）第十条："对服务质效的投诉，是指纳税人认为税务机关及其工作人员办理涉税业务时，未能提供规范、高效的服务而进行的投诉。"第十一条："侵害纳税人合法权益的投诉，是指纳税人认为税务机关及其工作人员在履行纳税服务职责过程中未依法执行现行税收法律法规规定，侵害纳税人的合法权益而进行的投诉。具体包括……（二）税务机关及其工作人员擅自要求纳税人提供规定以外资料的……"根据《纳税人办税指南》，按照"一照一码"登记制度设立的纳税人因发生解散、破产、撤销以及其他情形需要在工商登记机关办理注销登记的，须先向主管税务机关申报清税，税务机关确认纳税人结清应纳税款、多退（免）税款、滞纳金和罚款、相关证件所有税务事项后，向纳税人出具《清税证明》，提示其凭税务机关开具的《清税证明》办理工商登记注销。因此税务人员要求甲公司办结未结事项符合规定，不属于应受理投诉的范围。

三、判断题

1. "三证合一"实施之后，纳税人设立税务登记的时间为登记信息确认的时间，因此办税服务厅工作人员应当引导纳税人在办理"三证合

一”之后，尽快办理登记信息确认手续。 （ ）

【参考答案】×

【答案解析】根据《国务院办公厅关于加快推进“三证合一”登记制度改革的意见》（国办发〔2015〕50号）的规定，“三证合一”之后，税务登记的时间为纳税人办理加载有统一社会信用代码的工商营业执照的时间。

2. 个体工商户张某是一家2013年5月设立的小规模纳税人，在日常经营过程当中，由于业务量小，一直没有领用发票。后来业务持续扩大，2018年10月，张某便到办税服务厅咨询申领发票的事宜。咨询人员在查看张某手持的《税务登记证》后指出，按照“两证整合”的工作要求，张某的《税务登记证》必须换成加载有统一社会信用代码的工商营业执照，方可受理其领用发票的申请。 （ ）

【参考答案】×

【答案解析】根据《关于实施个体工商户营业执照和税务登记证“两证整合”的意见》（工商个字〔2016〕167号），对2016年12月1日前登记注册的个体工商户不设定换领加载统一社会信用代码的营业执照的过渡期，各地可以鼓励个体工商户主动换领新的营业执照，对于未换领新营业执照的个体工商户，其营业执照和税务登记证继续有效。纳税人在办理发票核定时可以凭原持有的《税务登记证》申请办理相关业务。

3. 对于领取营业执照后30日内未到税务局办理涉税事宜的纳税人，应当按照“逾期办理税务登记”进行处罚。 （ ）

【参考答案】×

【答案解析】根据《国家税务总局关于推进“三证合一”进一步完善税源管理有关问题的通知》（税总函〔2015〕645号）要求，对于领取营业执照后30日内未到税务局办理涉税事宜的纳税人，不予进行“逾期办理税务登记”的处罚。

4. 在对纳税人进行清税注销业务办理过程中，若发现纳税人涉嫌偷逃骗抗税、虚开发票和特别纳税调整事项的，不得开具《清税证明》。 （ ）

【参考答案】√

【答案解析】根据《纳税人办税指南》，税务机关自受理之日起20个工作日办结。若在核查检查过程中发生以下情形的，办理时限中止，待相关事项办理完毕后方可继续办理注销事宜，办理时限继续计算：(1) 发生涉嫌偷逃骗抗税或虚开发票等重大事项的；(2) 需要进行特别纳税调整的；(3) 国家税务总局规定的注销办理时限中止情形。

5. 简化注销办理的“承诺制”容缺办理，是指纳税人在办理税务注销时，若资料不齐，可在其作出承诺后，税务机关即时出具清税文书。

( )

【参考答案】×

【答案解析】根据《国家税务总局关于进一步优化办理企业税务注销程序的通知》(税总发〔2018〕149 号)“二、优化税务注销即办服务”，对向市场监管部门申请一般注销的纳税人，税务机关在为其办理税务注销时，进一步落实限时办结规定。对未处于税务检查状态、无欠税（滞纳金）及罚款、已缴销增值税专用发票及税控专用设备，且符合五种情形之一的纳税人，优化即时办结服务，采取“承诺制”容缺办理，即：纳税人在办理税务注销时，若资料不齐，可在其作出承诺后，税务机关即时出具清税文书。

6. 甲企业自到工商注册登记以来从未经营也未办理过涉税事宜，该企业注销时可免予到税务机关办理清税证明，直接向市场监管部门申请办理注销登记。 ( )

【参考答案】√

【答案解析】根据《国家税务总局关于进一步优化办理企业税务注销程序的通知》(税总发〔2018〕149 号)：“一、实行清税证明免办服务　对向市场监管部门申请简易注销的纳税人，符合下列情形之一的，可免予到税务机关办理清税证明，直接向市场监管部门申请办理注销登记：(一) 未办理过涉税事宜的；(二) 办理过涉税事宜但未领用发票、无欠税（滞纳金）及罚款的。”

7. 纳税人符合简易注销条件的，税务机关不能给纳税人开具《清税证明》。 ( )

【参考答案】×

【答案解析】纳税人不符合简易注销条件或符合简易注销条件但自主

选择一般注销程序的，适用一般注销流程。

8. 税务部门通过信息共享获取工商部门推送的企业拟申请简易注销登记信息后，应按照规定的程序和要求，查询税务信息系统核实企业的相关涉税情况，对于仍有未办结涉税事项的企业，税务部门在公告期届满之前向工商部门提出异议。（ ）

【参考答案】×

【答案解析】根据《工商总局 税务总局关于加强信息共享和联合监管的通知》(工商企注字〔2018〕11 号)：“税务部门通过信息共享获取工商部门推送的企业拟申请简易注销登记信息后，应按照规定的程序和要求，查询税务信息系统核实企业的相关涉税情况，对于经查询系统显示为以下情形的纳税人，税务部门不提出异议：一是未办理过涉税事宜的纳税人……对于仍有未办结涉税事项的企业，税务部门在公告期届满次日向工商部门提出异议。”

9. 纳税人在市场监管部门发起简易注销公告后，还可到税务机关开具清税证明，此时税务机关可以进行“承诺制”容缺办理。（ ）

【参考答案】×

【答案解析】根据《国家税务总局关于进一步优化办理企业税务注销程序的通知》（税总发〔2018〕149 号）：“二、优化税务注销即办服务 对向市场监管部门申请一般注销的纳税人，税务机关在为其办理税务注销时，进一步落实限时办结规定。”“承诺制”容缺办理仅限于在市场监管部门申请一般注销的纳税人。

10. 市人民政府引进人才创办的企业未处于税务检查状态、无欠税（滞纳金）及罚款、已缴销税控专用设备，优化即时办结服务，采取“承诺制”容缺办理。（ ）

【参考答案】×

【答案解析】根据《国家税务总局关于进一步优化办理企业税务注销程序的通知》(税总发〔2018〕149 号)：“二、优化税务注销即办服务 对向市场监管部门申请一般注销的纳税人，税务机关在为其办理税务注销时，进一步落实限时办结规定。对未处于税务检查状态、无欠税（滞纳金）及罚款、已缴销增值税专用发票及税控专用设备，且符合下列情形之一的纳税人，优化即时办结服务，采取‘承诺制’容缺办理，即：纳税人在办理税务注销时，若资料不齐，可在其作出承诺后，税务机关即时出具清税文书……（三）省级人民政府引进人才或经省级以上行业协会等机构认定的行业领军人才等创办的企业……”

四、综合题

安永建筑公司是一家2018年1月成立的建筑安装公司，注册地为A省B市，领取加载统一社会信用代码的营业执照，按季申报相应税费。2018年2月在甲省乙市丙县承包建筑工程，合同结束时间为2018年7月31日，并于当年2月14日取得《跨区域涉税事项报告表》。由于天气原因影响施工进度，该工程于2018年9月30日结束，工程结束后该公司即返回A省。该公司2018年11月1日因债务纠纷未清、资不抵债宣告破产，于2018年11月12日向主管税务机关申请办理注销税务登记。

1. 关于下列安永建筑公司跨区域涉税情况的描述，正确的是（　　）。

A. 安永建筑公司只需持《跨区域涉税事项报告表》向经营地税务机关办理报验登记

B. 工程结束后向经营地主管税务机关填报《经营地涉税事项反馈表》

C. 合同结束后仍未结束工期的，需要重新向机构所在地填报《跨区域涉税事项报告表》

D. 安永建筑公司回到A省后应向其主管税务机关进行反馈，提交《经营地涉税事项反馈表》

【参考答案】B

【答案解析】A选项根据《国家税务总局关于创新跨区域涉税事项报验管理制度的通知》（税总发〔2017〕103号）第二条第二款的规定，跨区域涉税事项由纳税人首次在经营地办理涉税事宜时，向经营地的税务机关报验。纳税人报验跨区域涉税事项时，应当出示税务登记证件。

B选项根据《国家税务总局关于明确跨区域涉税事项报验管理相关问题的公告》（国家税务总局公告2018年第38号）第五条：“纳税人跨

区域经营活动结束后，应当结清经营地税务机关的应纳税款以及其他涉税事项，向经营地的税务机关填报《经营地涉税事项反馈表》。"

C 选项根据《国家税务总局关于创新跨区域涉税事项报验管理制度的通知》（税总发〔2017〕103 号）第一条第三款："……合同延期的，纳税人可向经营地或机构所在地的税务机关办理报验管理有效期限延期手续。"

D 选项根据《国家税务总局关于创新跨区域涉税事项报验管理制度的通知》（税总发〔2017〕103 号）："（三）跨区域涉税事项信息反馈纳税人跨区域经营活动结束后，应当结清经营地的税务机关的应纳税款以及其他涉税事项，向经营地的税务机关填报《经营地涉税事项反馈表》，经营地的税务机关应当及时将相关信息反馈给机构所在地的税务机关。纳税人不需要另行向机构所在地的税务机关反馈。"

2. 安永建筑公司办理注销税务登记时，必须履行的手续有（　　）。

A. 该公司应该填报《清税申报表》

B. 若存在多缴税款涉及退税的，需报送《退（抵）税申请表》4 份

C. 该公司不能向市场监管（工商）部门申请简易注销

D. 该公司领用的增值税发票尚未用完的，应交回税务机关缴销

【参考答案】ABCD

【答案解析】C 选项根据《国家税务总局关于进一步优化办理企业税务注销程序的通知》（税总发〔2018〕149 号）及市场监管部门关于简易注销的规定，领取营业执照后未开展经营活动，申请注销登记前未发生债权债务或已将债权债务清算完成的有限责任公司、非公司企业法人、个人独资企业、合伙企业，符合相关情形时，可免予到税务机关办理税务注销，直接向市场监管部门申请办理注销登记。该公司因债务纠纷未清、资不抵债宣告破产不符合条件，不能直接向市场监管部门申请办理注销登记。ABD 选项均依据《纳税人办税指南》相关内容。

3. 安永建筑公司在办理实名办税后向主管税务机关填报《跨区域涉税事项报告表》应提交的资料不包括（　　）。

A. 加载统一社会信用代码的营业执照副本

B. 加盖纳税人公章的副本复印件

C. 税务登记证副本

D. 经办人身份证原件

【参考答案】ABCD

【答案解析】根据《国家税务总局关于创新跨区域涉税事项报验管理制度的通知》（税总发〔2017〕103 号）："（一）《跨区域涉税事项报告表》填报，具备网上办税条件的，纳税人可通过网上办税系统，自主填报《跨区域涉税事项报告表》。不具备网上办税条件的，纳税人向主管税务机关（办税服务厅）填报《跨区域涉税事项报告表》，并出示加载统一社会信用代码的营业执照副本（未换照的出示税务登记证副本），或加盖纳税人公章的副本复印件；已实行实名办税的纳税人只需填报《跨区域涉税事项报告表》。"

4. 安永建筑公司进行企业所得税清算时，需向税务机关填报（　　）。

A.《注销税务登记申请审批表》

B.《清税申报表》

C.《清税证明开具申请表》

D.《中华人民共和国企业清算所得税申报表》

【参考答案】D

【答案解析】根据《纳税人办税指南》，纳税人有下列情形，应办理居民企业清算所得税申报：因解散、破产、重组等原因终止生产经营活动的纳税人，应在办理注销登记之前，以整个清算期间作为一个纳税年度，计算清算所得及其应纳所得税，在清算结束之日起 15 日内办理申报；填报《中华人民共和国企业清算所得税申报表》。

5. 该企业在甲省乙市丙县承包建筑工程施工期间，以下说法正确的有（　　）。

A. 该企业就其所支付的工程作业人员工资、薪金所得，可以选择向丙县税务机关申报，也可以选择在 A 省 B 市主管税务机关申报

B. 该企业个人所得税在丙县税务机关全员全额扣缴明细申报的，其"三险一金"按照机构所在地标准扣除，个人所得税可以核定征收

C. 该企业取得的收入，应在丙县预缴增值税

D. 该企业回到 A 省 B 市缴纳增值税时无须缴纳城市维护建设税和教

育费附加

【参考答案】C

【答案解析】A选项根据《国家税务总局关于建筑安装业跨省异地工程作业人员个人所得税征收管理问题的公告》(国家税务总局公告2015年第52号) 第二条:"跨省异地施工单位应就其所支付的工程作业人员工资、薪金所得,向工程作业所在地税务机关办理全员全额扣缴明细申报。凡实行全员全额扣缴明细申报的,工程作业所在地税务机关不得核定征收个人所得税。"因此,该建筑公司职工的个人所得税应在工程作业所在地税务机关申报缴纳。

B选项根据《国家税务总局关于建筑安装业跨省异地工程作业人员个人所得税征收管理问题的公告》(国家税务总局公告2015年第52号)第二条规定和《财政部　国家税务总局关于基本养老保险基本医疗保险失业保险住房公积金有关个人所得税政策的通知》【财税(2006) 10号】文件规定:"…… ②单位和个人分别在不超过职工本人的幅度内,其实际缴存的住房公积金,允许在个人应纳税所得额中扣除。单位上一年度月平均工资12%和职工个人缴存住房公积金的月平均工资不得超过职工工作地所在设区城市上一年度职工月平均工资的3倍,具体标准按照各地有关规定执行。"因此,该建筑公司三险一金需按照工作作业所在设区城市的标准进行扣除,且个人所得税不得核定征收。

C选项和D选项根据《财政部　国家税务总局关于纳税人异地预缴增值税有关城市维护建设税和教育费附加政策问题的通知》(财税〔2016〕74号):"一、纳税人跨地区提供建筑服务、销售和出租不动产的,应在建筑服务发生地、不动产所在地预缴增值税时,以预缴增值税税额为计税依据,并按预缴增值税所在地的城市维护建设税适用税率和教育费附加征收率就地计算缴纳城市维护建设税和教育费附加。

二、预缴增值税的纳税人在其机构所在地申报缴纳增值税时,以其实际缴纳的增值税税额为计税依据,并按机构所在地的城市维护建设税适用税率和教育费附加征收率就地计算缴纳城市维护建设税和教育费附加。"

第二章　发票办理管理

一、单选题

1. 某企业于2019年1月办理税务登记并通过增值税发票管理新系统开具发票，主管税务机关为其核定发票票种后（　　）内，该纳税人不得允许离线开具发票。

A. 3个月　　　　B. 1个月

C. 6个月　　　　D. 60日

【参考答案】A

【答案解析】根据《国家税务总局关于印发〈增值税发票风险管理办法（试行）〉的通知》（税总发〔2018〕51号）第九条："对于新办理税务登记且通过增值税发票管理新系统开具发票的纳税人，主管税务机关为其核定发票票种后3个自然月内，不得允许纳税人离线开具发票，按照有关规定不使用网络办税或不具备网络条件的特定纳税人除外。"

2. 根据税收减免的相关规定，以下关于备案类减免税的表述，错误的是（　　）。

A. 备案类减免税的实施可以按照减轻纳税人负担、方便税收征管的原则，要求纳税人在首次享受减免税的申报阶段在纳税申报表中附列或附送材料进行备案，也可以要求纳税人在申报征期后的其他规定期限内提交报备资料进行备案

B. 主管税务机关应在受理纳税人减免税备案后7个工作日内完成登记备案工作，并告知纳税人执行

C. 纳税人享受备案类减免税，应当具备相应的减免税资质，并履行

规定的备案手续

D. 税务机关受理或者不予受理减免税备案，应当出具加盖本机关专用印章和注明日期的书面凭证

【参考答案】B

【答案解析】根据《全国税务机关纳税服务规范》减免税优惠备案，资料齐全、符合法定形式、填写内容完整的，税务机关受理后即时办结。

3. 近年来，全国税务机关加快服务型税务机关建设步伐，不断优化发票领用方式，其中发票网上领用服务大大提升了纳税人发票办理的工作效率，在以下关于发票网上领用服务模式的表述当中，正确的是（　　）。

A. 网上申领，前台领取　　B. 线上申领，线下配送

C. 网上申领，快递送达　　D. 线上申领，自助领取

【参考答案】B

【答案解析】根据《国家税务总局关于开展2017年“便民办税春风行动”的意见》（税总发〔2017〕10号）：“6. 优化发票领用方式。提供发票网上、掌上申请，物流配送或窗口及自助终端自取纸质发票服务，实现发票领用‘线上申领、线下配送’。”

4. 根据税务总局的规定，实行实名办税的地区，对于已由税务机关现场采集法定代表人实名信息的纳税人，申请增值税专用发票最高开票限额不超过十万元时，除有条件的主管税务机关应当即时办结，一般情况下应当在（　　）个工作日内办结。

A. 1　　B. 2

C. 3　　D. 5

【参考答案】B

【答案解析】根据《国家税务总局关于进一步明确营改增有关征管问题的公告》（国家税务总局公告2017年第11号）：“八、实行实名办税的地区，已由税务机关现场采集法定代表人（业主、负责人）实名信息的纳税人，申请增值税专用发票最高开票限额不超过十万元的，主管税务机关应自受理申请之日起2个工作日内办结，有条件的主管税务机关即时办结。即时办结的，直接出具和送达《准予税务行政许可决定书》，不

再出具《税务行政许可受理通知书》。”

5. 按照规定，当纳税人领用发票之后，如发现或发生一些特殊情况可以申请办理退票手续，但不包含以下（　　）情形。

A. 纳税人在使用发票时发现多张发票印制字迹模糊

B. 纳税人在填开发票时发现发票发放信息登记错误

C. 纳税人领票信息电子数据丢失

D. 纳税人领用的发票用不完

【参考答案】D

【答案解析】根据《纳税人办税指南》，因发票印制质量、发票发放错误、发票发放信息登记错误、纳税人领票信息电子数据丢失、税控设备故障等原因，税务机关为纳税人办理退票。

6. 纳税人丢失发票或完税证明，需要办理遗失业务时，不需要报送刊登遗失声明版面复印件的是（　　）。

A. 李某丢失机动车销售发票

B. 个体工商户丢失空白的增值税普通发票

C. 一般纳税人丢失未开具的增值税专用发票

D. 纳税人丢失车船税完税证明

【参考答案】A

【答案解析】选项A根据《纳税人办税指南》，消费者丢失机动车销售发票需要补开的，需报送机动车销售统一发票存根联复印件1份即可。选项B和选项C根据《纳税人办税指南》，丢失其他发票的，需提交《发票挂失/损毁报告表》1份，《挂失/损毁发票清单》1份，刊登遗失声明的版面复印件。选项D根据《税收票证管理办法》（国家税务总局令第28号）第四十六条，纳税人遗失已完税税收票证需要税务机关另行提供的，应当登报声明原持有联次遗失并向税务机关提交申请；税款经核实确已缴纳入库或从国库退还的，税务机关应当开具税收完税证明或提供原完税税收票证复印件。

7. 关于小规模纳税人申请代开专用发票，以下说法错误的是（　　）。

A. 销售自行开发的房地产项目，购买方需要增值税专用发票的，可

以向税务机关申请代开

B. 销售其取得的不动产，购买方不属于其他个人的，可以向税务机关申请代开增值税专用发票

C. 提供住宿服务，需要开具增值税专用发票的，不可以向税务机关申请代开

D. 提供货物运输服务，不可以向主管税务机关申请代开货物运输业增值税专用发票

【参考答案】D

【答案解析】A 选项根据《国家税务总局关于发布〈房地产开发企业销售自行开发的房地产项目增值税征收管理暂行办法〉的公告》（国家税务总局公告 2016 年第 18 号）第二十三条："小规模纳税人销售自行开发的房地产项目，自行开具增值税普通发票。购买方需要增值税专用发票的，小规模纳税人向主管税务机关申请代开。"

B 选项根据《国家税务总局关于营业税改征增值税委托地税局代征税款和代开增值税发票的通知》（税总函〔2016〕145 号）第二条第四款："增值税小规模纳税人销售其取得的不动产以及其他个人出租不动产，购买方或承租方不属于其他个人的，纳税人缴纳增值税后可以向地税局申请代开增值税专用发票。不能自开增值税普通发票的小规模纳税人销售其取得的不动产，以及其他个人出租不动产，可以向地税局申请代开增值税普通发票。"

C 选项根据《国家税务总局关于在境外提供建筑服务等有关问题的公告》（国家税务总局公告 2016 年第 69 号）："十、全面开展住宿业小规模纳税人自行开具增值税专用发票试点。月销售额超过 3 万元（或季销售额超过 9 万元）的住宿业小规模纳税人提供住宿服务、销售货物或发生其他应税行为，需要开具增值税专用发票的，可以通过增值税发票管理新系统自行开具，主管税务机关不再为其代开。"

D 选项根据《国家税务总局关于发布〈货物运输业小规模纳税人申请代开增值税专用发票管理办法〉的公告》（国家税务总局公告 2017 年第 55 号）第三条："纳税人在境内提供公路或内河货物运输服务，需要开具增值税专用发票的，可在税务登记地、货物起运地、货物到达地或运

输业务承揽地（含互联网物流平台所在地）中任何一地，就近向税务机关（以下称代开单位）申请代开增值税专用发票。”

8. 纳税人张某从事道路运输服务，向税务机关申请代开增值税专用发票，需要提供的资料不包括（　　）。

A. 货物运输业代开增值税专用发票缴纳税款申报单

B. 加载统一社会信用代码的营业执照复印件

C. 中华人民共和国道路运输经营许可证和中华人民共和国道路运输证

D. 经办人的身份证原件及复印件

【参考答案】C

【答案解析】根据《国家税务总局关于发布〈货物运输业小规模纳税人申请代开增值税专用发票管理办法〉的公告》（国家税务总局公告 2017 年第 55 号）第五条：“完成上述备案后，纳税人可向代开单位申请代开增值税专用发票，并向代开单位提供以下资料：（一）货物运输业代开增值税专用发票缴纳税款申报单；（二）加载统一社会信用代码的营业执照（或税务登记证或组织机构代码证）复印件；（三）经办人身份证件及复印件。”

9. 以下关于发票管理的相关规定中，说法不正确的是（　　）。

A. 纳税人为他人开具与实际经营业务情况不符的发票，被税务机关处以 2 000 元罚款

B. 纳税人丢失发票，由税务机关责令改正，可以处 1 万元以下的罚款

C. 对违反发票管理规定 3 次以上或者情节严重的单位和个人，税务机关可以向社会公告

D. 违反发票管理法规，导致其他单位或者个人未缴、少缴或者骗取税款的，由税务机关没收违法所得，可以并处未缴、少缴或者骗取的税款 1 倍以下的罚款

【参考答案】C

【答案解析】根据《国务院关于修改〈中华人民共和国发票管理办法〉的决定》（中华人民共和国国务院令第 587 号）第三十六条：“跨规

定的使用区域携带、邮寄、运输空白发票，以及携带、邮寄或者运输空白发票出入境的，由税务机关责令改正，可以处1万元以下的罚款；情节严重的，处1万元以上3万元以下的罚款；有违法所得的予以没收。丢失发票或者擅自损毁发票的，依照前款规定处罚。"

第三十七条："违反本办法第二十二条第二款的规定虚开发票的，由税务机关没收违法所得；虚开金额在1万元以下的，可以并处5万元以下的罚款；虚开金额超过1万元的，并处5万元以上50万元以下的罚款；构成犯罪的，依法追究刑事责任。非法代开发票的，依照前款规定处罚。"

第四十条："对违反发票管理规定2次以上或者情节严重的单位和个人，税务机关可以向社会公告。"

第四十一条："违反发票管理法规，导致其他单位或者个人未缴、少缴或者骗取税款的，由税务机关没收违法所得，可以并处未缴、少缴或者骗取的税款1倍以下的罚款。"

10. 美味餐馆在收取消费者餐费开发票时，由于发生网络故障，采取离线开具发票的方式为顾客开具相应的发票，按照相应规定该纳税人最长不得超过（　　）上传开票信息。

A. 48 小时　　B. 24 小时

C. 36 小时　　D. 7 天内

【参考答案】A

【答案解析】根据《网络发票管理办法》（国家税务总局令第30号）第十三条："开具发票的单位和个人在网络出现故障，无法在线开具发票时，可离线开具发票。开具发票后，不得改动开票信息，并于48小时内上传开票信息。"

二、多选题

1. 2019年5月，某企业作为一般纳税人，根据生产经营的需要，申请调增自身增值税普遍发票的用量，按照纳税信用管理的相关规定，以下纳税人在普通发票核定调整时，可以按需领用发票的有（　　）。

A. 纳税人2018年纳税信用评价等级为A级

B. 纳税人被所在地的市级税务机关确定为纳税信用好，税收风险等级低的企业

C. 2018 年纳税人有涉税违法行为

D. 纳税人正在接受税务机关立案稽查

【参考答案】AB

【答案解析】根据《国家税务总局关于简化增值税发票领用和使用程序有关问题的公告》（国家税务总局公告 2014 年第 19 号）："五、实行分类分级规范化管理　对增值税发票实行分类分级规范化管理，提高工作效率，减少办税环节。（一）以下纳税人可一次领取不超过 3 个月的增值税发票用量，纳税人需要调整增值税发票用量，手续齐全的，按照纳税人需要即时办理：1. 纳税信用等级评定为 A 类的纳税人；2. 地市税务局确定的纳税信用好，税收风险等级低的其他类型纳税人。（二）上述纳税人 2 年内有涉税违法行为、移交司法机关处理记录，或者正在接受税务机关立案稽查的，不适用本条第（一）项规定。"

2. 2019 年 2 月，作为一般纳税人的某公司取得下列凭证，以下关于具体业务当中的进项税额可以从销项税额中抵扣的表述，正确的有（　　）。

A. 从 M 公司取得的税控机动车销售统一发票上注明的增值税额

B. 购进农产品一批，按照农产品收购发票上注明的买价和 10% 的扣除率计算的金额

C. 从某个体工商户处购买材料取得的增值税普通发票上注明的增值税

D. 从境外购买一批原材料在海关取得的进口增值税专用缴款书上注明的增值税

【参考答案】ABD

【答案解析】根据《中华人民共和国增值税暂行条例》（国务院令第 538 号）："纳税人购进货物、劳务、服务、无形资产、不动产支付或者负担的增值税额，为进项税额。下列进项税额准予从销项税额中抵扣：（一）从销售方取得的增值税专用发票上注明的增值税额。（二）从海关取得的海关进口增值税专用缴款书上注明的增值税额。（三）购进农产

品，除取得增值税专用发票或者海关进口增值税专用缴款书外，按照农产品收购发票或者销售发票上注明的农产品买价和10%的扣除率计算的进项税额，国务院另有规定的除外。进项税额计算公式：进项税额 = 买价 × 扣除率。”

C选项中的增值税普通发票不属于增值税可以抵扣的扣税凭证。

3. 关于发票的相关管理规定，下列纳税人的做法当中，错误的有（　）。

A. 小规模纳税人A公司带营业执照复印件和自己使用过的固定资产的销售合同到税务机关申请开具专用发票

B. 一般纳税人B公司带申请书和旧货合同到税务机关，申请按照简易办法依照3%征收率缴纳增值税并开具增值税专用发票

C. 一般纳税人C商贸公司零售的烟、酒、食品等消费品不得开具专用发票

D. 纳税人在不知情的情况下从D公司取得一张虚开的增值税专用发票，可以作为增值税合法有效的抵扣凭证抵扣其进项税额

【参考答案】ABD

【答案解析】A选项根据《国家税务总局关于增值税简易征收政策有关管理问题的通知》（国税函〔2009〕90号）：“一、关于纳税人销售自己使用过的固定资产……小规模纳税人销售自己使用过的固定资产，应开具普通发票，不得由税务机关代开增值税专用发票。”

B选项根据《国家税务总局关于营业税改征增值税试点期间有关增值税问题的公告》（国家税务总局公告2015年第90号）：“……二、纳税人销售自己使用过的固定资产，适用简易办法依照3%征收率减按2%征收增值税政策的，可以放弃减税，按照简易办法依照3%征收率缴纳增值税，并可以开具增值税专用发票。”

C选项根据《国家税务总局关于修订〈增值税专用发票使用规定〉的通知》（国税发〔2006〕156号）第十条：“一般纳税人销售货物或者提供应税劳务，应向购买方开具专用发票。商业企业一般纳税人零售的烟、酒、食品、服装、鞋帽（不包括劳保专用部分）、化妆品等消费品不得开具专用发票。”

D 选项根据《国家税务总局关于纳税人虚开增值税专用发票征补税款问题的公告》（国家税务总局公告 2012 年第 33 号）：“……纳税人取得虚开的增值税专用发票，不得作为增值税合法有效的扣税凭证抵扣其进项税额。”

4. 作为一般纳税人的某商贸公司发生以下行为，符合发票管理相关规定的有（　　）。

A. 销售食用盐给个人并开具增值税专用发票

B. 销售食用植物油给一般纳税人 B 公司并开具增值税专用发票

C. 零售白酒给某企业开具增值税普通发票

D. 销售猪肉给某公司开具专用发票

【参考答案】BC

【答案解析】A 选项根据《中华人民共和国增值税暂行条例》（中华人民共和国国务院令 2008 年第 538 号）第二十一条：“纳税人发生应税销售行为，应当向索取增值税专用发票的购买方开具增值税专用发票，并在增值税专用发票上分别注明销售额和销项税额。属于下列情形之一的，不得开具增值税专用发票：（一）应税销售行为的购买方为消费者个人的；（二）发生应税销售行为适用免税规定的。”

B 选项根据《财政部　国家税务总局关于粮食企业增值税征免问题的通知》（财税字〔1999〕198 号）：“三、对销售食用植物油业务，除政府储备食用植物油的销售继续免征增值税外，一律照章征收增值税。”

C 选项根据《国家税务总局关于修订〈增值税专用发票使用规定〉的通知》（国税发〔2006〕156 号）第十条：“……商业企业一般纳税人零售的烟、酒、食品、服装、鞋帽（不包括劳保专用部分）、化妆品等消费品不得开具专用发票。”

D 选项根据《财政部　国家税务总局关于免征部分鲜活肉蛋产品流通环节增值税政策的通知》（财税〔2012〕75 号）：“国务院批准，自 2012 年 10 月 1 日起，免征部分鲜活肉蛋产品流通环节增值税。现将有关事项通知如下：一、对从事农产品批发、零售的纳税人销售的部分鲜活肉蛋产品免征增值税。免征增值税的鲜活肉产品，是指猪、牛、羊、鸡、鸭、鹅及其整块或者分割的鲜肉、冷藏或者冷冻肉。根据《国家税务总局关于修订〈增值税专用发票使用规定〉的通知》（国税发〔2006〕156号）第十条："……销售免税货物不得开具专用发票，法律、法规及国家税务总局另有规定的除外。"

5. 按照增值税发票代开的相关管理规定，下列纳税人向税务机关申请代开增值税发票的情形，正确的是（ ）。

A. 增值税一般纳税人甲企业出租写字楼给乙企业，申请代开增值税专用发票

B. 自然人小张将住房出租给自然人小吴，申请代开增值税普通发票

C. 小规模纳税人将商铺出租给小王，申请代开增值税专用发票

D. 个体工商户丁将商铺出租给自然人小李，申请代开增值税普通发票

【参考答案】BD

【答案解析】A 选项：增值税一般纳税人应自行开具增值税专用发票。

B、C、D 选项根据《纳税人提供不动产经营租赁服务增值税征收管理暂行办法》（国家税务总局公告 2016 年第 16 号）第十一条："小规模纳税人中的单位和个体工商户出租不动产，不能自行开具增值税发票的，可向不动产所在地主管国税机关申请代开增值税发票。其他个人出租不动产，可向不动产所在地主管地税机关申请代开增值税发票。"

第十二条："纳税人向其他个人出租不动产，不得开具或申请代开增值税专用发票。"

6. 根据发票管理的相关规定，以下纳税人当中，税务机关可以暂不允许其离线开具发票的有（ ）。

A. 某公司没有固定的经营场所

B. 某公司 2018 年信用评价等级为 D 级

C. 某企业的法人代表名下有一家被列为非正常户的广告公司

D. 某企业长期租用一栋写字楼作为办公场所

【参考答案】ABC

【答案解析】根据《国家税务总局关于印发〈增值税发票风险管理办法（试行）〉的通知》（税总发〔2018〕51 号）第九条："对于存在下列

情形之一的纳税人，主管税务机关可以暂不允许其离线开具发票：‘一址多照’、无固定经营场所的纳税人；纳税信用评价为D级的纳税人；其法定代表人或财务负责人曾在非正常户任职的纳税人；其他税收风险等级较高的纳税人。”

7. 对于存在以下情形的纳税人，按照发票管理的相关规定，税务机关可以采取限制性措施实施处理的有（　　）。

A. 税务机关工作人员多次到H企业走访，均未能按照企业的经营地址找到该企业

B. 税务机关发现M企业的发票开具与申报数据严重不符

C. K企业开具的增值税专用发票被列入异常增值税扣税凭证

D. 某小规模纳税人开具发票金额在省税务机关确定金额范围内

【参考答案】ABC

【答案解析】根据《国家税务总局关于印发〈增值税发票风险管理办法（试行）〉的通知》（税总发〔2018〕51号）第二十九条：“除风险应对外，税务机关发现纳税人有下列情形之一的，可采取本办法第二十五条第五项所列限制性措施实施处理：（一）注册地址、经营地址、联系方式虚假、开票IP地址异常。（二）不按照规定办理纳税申报，开具发票与纳税申报数据严重不符，涉嫌通过填列增值税纳税申报表特定栏次虚假申报。（三）开具的增值税专用发票被列入异常增值税扣税凭证的走逃（失联）纳税人。（四）增值税小规模纳税人月开具发票（含代开发票）金额超过省税务机关确定金额的。”

8. 作为一般纳税人的某企业涉嫌增值税发票风险，三次被税务机关约谈均无故不到场，主管税务机关可以采取风险防范措施的有（　　）。

A. 核定该企业最高开票限额不超过1万元，月发票发放数量不超过10份

B. 限制该企业开具发票

C. 要求该企业只能在前台办理发票领取

D. 限制该企业办理税务登记迁移

【参考答案】ABCD

【答案解析】根据《国家税务总局关于印发〈增值税发票风险管理办

法（试行）〉的通知》（税总发〔2018〕51 号）第二十五条：“风险应对部门采取以下一项或多项措施实施风险应对……（五）限制性措施。税务约谈无法联系或两次无故不到的，风险应对部门可会同主管税务机关采取下列一项或多项风险防范措施：（1）增值税一般纳税人核定发票最高开票限额不得超过一万元，月发票发放数量不得超过 10 份；增值税小规模纳税人核定发票最高开票限额不得超过一万元，月发票发放数量不得超过 10 份；（2）调减增值税发票最高开票限额及发票发放数量；（3）限制提高或临时提高增值税发票最高开票限额及发票发放数量；（4）限制离线开具发票；（5）限制代开发票；（6）限制开具发票；（7）限制使用电子税务局（含网上办税平台、微信办税、税务 APP 等）等渠道办理网上申领发票、网上抄报税、网上申报、自助办税终端及邮寄配送发票等便捷办税方式；（8）限制办理税务登记迁移和注销手续。”

9. 某小规模纳税人经营的饭店以定期定额征收方式进行税收管理，以下事项不正确的有（　　）。

A. 该饭店第四季度开票金额大于应征增值税税额，在申报时以开票金额作为缴税依据，并将开票金额作为下一年度核定定期定额的依据

B. 该饭店第四季度开票金额大于应征增值税税额，在申报时以应征增值税税额作为缴税依据，并将应征开票金额作为下一年度核定定期定额的依据

C. 该饭店第四季度开票金额小于应征增值税税额，在申报时以开票金额作为缴税依据，并将开票金额作为下一年度核定定期定额的依据

D. 该饭店的第四季度开票金额小于应征增值税税额，在申报时以应征增值税税额作为缴税依据

【参考答案】BC

【答案解析】根据《国家税务总局关于加强税务机关代开增值税专用发票管理问题的通知》（国税函〔2004〕1404 号）：“四、对实行定期定额征收方法的纳税人正常申报时，按以下方法进行清算：（一）每月开票金额大于应征增值税税额的，以开票金额数为依据征收税款，并作为下一年度核定定期定额的依据。（二）每月开票金额小于应征增值税税额的，按应征增值税税额数征收税款。”

10. 以下凭证丢失不能重新开具的有（　　）。

A. 出口货物完税分割单　　B. 印花税票

C. 税收缴款书（出口货物劳务专用）D. 印花税票销售凭证

【参考答案】ABD

【答案解析】根据《税收票证管理办法》（国家税务总局令第 28 号）第十七条：“税收完税证明是税务机关为证明纳税人已经缴纳税款或者已经退还纳税人税款而开具的纸质税收票证……（三）纳税人遗失已完税的各种税收票证（《出口货物完税分割单》、印花税票和《印花税票销售凭证》除外），需要重新开具的……”

11. 某企业于 2019 年 1 月成立，到税务机关办理首次申领增值税发票，需要办理的业务主要包括的事项有（　　）。

A. 发票票种核定

B. 增值税专用发票（增值税税控系统）最高开票限额审批

C. 增值税税控系统专用设备初始发行

D. 发票领用

【参考答案】ABCD

【答案解析】根据《国家税务总局关于新办纳税人首次申领增值税发票有关事项的公告》（国家税务总局公告 2018 年第 29 号）：“二、新办纳税人首次申领增值税发票主要包括发票票种核定、增值税专用发票（增值税税控系统）最高开票限额审批、增值税税控系统专用设备初始发行、发票领用等涉税事项。”

12. 纳税人小张转租一个商铺给某公司，现需要到税务机关申请代开发票，在办理相关业务时，需要提交的资料有（　　）。

A.《代开增值税发票缴纳税款申报单》

B. 房屋租赁合同及复印件或付款方证明原件

C. 不动产产权证书或其他能证明不动产权属、用途的合法有效证明复印件

D. 出租方身份证明复印件

【参考答案】ABD

【答案解析】根据《纳税人办税指南》，转租不动产需要代开发票的，

需要提供以下材料：《代开增值税发票缴纳税款申报单》；出租方身份证明复印件；房屋租赁合同原件及复印件或付款方证明原件（付款方证明应包括出租方姓名、身份证件名称及号码、租赁起止时间、房屋地址和租赁金额等信息）；不动产产权证书或其他能证明不动产权属、性质/用途的合法有效证明（如购房合同、房产抵押合同等）复印件（转租无须提供）；承租方纳税人识别号或统一社会信用代码（除企业之外的所有个人消费者、个体工商户以及行政机关、事业单位、社会团体等非企业性单位无须提供纳税人识别号）；承租方联系电话、地址、开户银行和银行账号等信息；涉及转租的，若能提供前一环节租赁合同、租赁发票或完税凭证等合法凭据的，在计算个人所得税时，允许从该项转租收入中扣除。

13. 根据发票管理的相关政策规定，下列事项不得开具增值税专用发票的有（　　）。

A. 某劳务公司是差额纳税的一般纳税人，向 M 公司提供劳务派遣服务并收取用于支付给劳务派遣员工工资、福利和社保等费用

B. 某公司是一般纳税人，将自己持有的金融商品转让所取得的收入

C. 一般纳税人某企业向另一家公司提供有形动产融资性售后回租服务收取的有形动产价款本金

D. 作为一般纳税人的某旅社向游客收取并支付给其他单位或者个人的住宿费、餐饮费、交通费等费用

【参考答案】ABCD

【答案解析】A 选项根据《财政部　国家税务总局关于进一步明确全面推开营改增试点有关劳务派遣服务、收费公路通行费抵扣等政策的通知》（财税〔2016〕47 号）："一、劳务派遣服务政策　一般纳税人提供劳务派遣服务，可以按照《财政部　国家税务总局关于全面推开营业税改征增值税试点的通知》（财税〔2016〕36 号）的有关规定……选择差额纳税的纳税人，向用工单位收取用于支付给劳务派遣员工工资、福利和为其办理社会保险及住房公积金的费用，不得开具增值税专用发票，可以开具普通发票。"

B 选项根据《财政部　国家税务总局关于全面推开营业税改征增值

税试点的通知》（财税〔2016〕36 号）附件 2　《营业税改征增值税试点有关事项的规定》第一条第三款规定："3. 金融商品转让，按照卖出价扣除买入价后的余额为销售额……金融商品转让，不得开具增值税专用发票。"

C 选项：《财政部　国家税务总局关于全面推开营业税改征增值税试点的通知》（财税〔2016〕36 号）附件 2　《营业税改征增值税试点有关事项的规定》："纳税人提供有形动产融资性售后回租服务，计算当期销售额时可以扣除的价款本金，为书面合同约定的当期应当收取的本金……试点纳税人提供有形动产融资性售后回租服务，向承租方收取的有形动产价款本金，不得开具增值税专用发票，可以开具普通发票。"

D 选项：《财政部　国家税务总局关于全面推开营业税改征增值税试点的通知》（财税〔2016〕36 号）附件 2　《营业税改征增值税试点有关事项的规定》第一条第三款第八项："试点纳税人提供旅游服务，可以选择以取得的全部价款和价外费用，扣除向旅游服务购买方收取并支付给其他单位或者个人的住宿费、餐饮费、交通费、签证费、门票费和支付给其他接团旅游企业的旅游费用后的余额为销售额。

选择上述办法计算销售额的试点纳税人，向旅游服务购买方收取并支付的上述费用，不得开具增值税专用发票，可以开具普通发票。"

14. 根据发票管理的相关政策规定，"其他个人"发生的下列应税行为中，可由税务机关代开专用发票的是（　　）。

A. 张三销售商铺给 K 公司　　B. 李四出租住房给 M 公司

C. 保险代理人王某取得佣金　　D. 江某为李某提供鉴证服务

【参考答案】ABC

【答案解析】A 选项和 B 选项根据《国家税务总局关于营业税改征增值税委托地税局代征税款和代开增值税发票的通知》（税总函〔2016〕145 号）的规定，其他个人销售其取得的不动产和出租不动产，购买方或承租方不属于其他个人的，纳税人缴纳增值税后可以向地税局申请代开增值税专用发票。上述情况之外的，其他个人不能申请代开增值税专用发票。

C 选项根据《国家税务总局关于个人保险代理人税收征管有关问题

的公告》（国家税务总局公告 2016 年第 45 号）：“三、接受税务机关委托代征税款的保险企业，向个人保险代理人支付佣金费用后，可代个人保险代理人统一向主管税务机关申请汇总代开增值税普通发票或增值税专用发票。”

15. 消费者在以下行业消费或支付费用的过程当中，可能遇到纳税人自行为其开具增值税专用发票的有（　　）。

A. 住宿业

B. 居民服务业

C. 鉴证咨询业

D. 工业以及信息传输、软件和信息技术服务业

【参考答案】ABCD

【答案解析】A 选项根据《国家税务总局关于在境外提供建筑服务等有关问题的公告》（国家税务总局公告 2016 年第 69 号）：“十、全面开展住宿业小规模纳税人自行开具增值税专用发票试点。月销售额超过 3 万元（或季销售额超过 9 万元）的住宿业小规模纳税人提供住宿服务、销售货物或发生其他应税行为，需要开具增值税专用发票的，可以通过增值税发票管理新系统自行开具，主管税务机关不再为其代开。”

B 选项根据《国家税务总局关于扩大小规模纳税人自行开具增值税专用发票试点范围等事项的公告》（国家税务总局公告 2019 年第 8 号）：“一、扩大小规模纳税人自行开具增值税专用发票试点范围。将小规模纳税人自行开具增值税专用发票试点范围由住宿业，鉴证咨询业，建筑业，工业，信息传输、软件和信息技术服务业，扩大至租赁和商务服务业，科学研究和技术服务业，居民服务、修理和其他服务业。上述 8 个行业小规模纳税人（以下称‘试点纳税人’）发生增值税应税行为，需要开具增值税专用发票的，可以自愿使用增值税发票管理系统自行开具。”

C 选项根据《国家税务总局关于开展鉴证咨询业增值税小规模纳税人自开增值税专用发票试点工作有关事项的公告》（国家税务总局公告 2017 年第 4 号）：“（一）全国范围内月销售额超过 3 万元（或季销售额超过 9 万元）的鉴证咨询业增值税小规模纳税人（以下简称试点纳税人）提供认证服务、鉴证服务、咨询服务、销售货物或发生其他增值税应税

行为，需要开具专用发票的，可以通过增值税发票管理新系统自行开具，主管税务机关不再为其代开。”

D 选项根据《国家税务总局关于增值税发票管理若干事项的公告》（国家税务总局公告 2017 年第 45 号）：“自 2018 年 2 月 1 日起，月销售额超过 3 万元（或季销售额超过 9 万元）的工业以及信息传输、软件和信息技术服务业增值税小规模纳税人（以下简称试点纳税人）发生增值税应税行为，需要开具增值税专用发票的，可以通过增值税发票管理新系统自行开具。”

16. 根据《发票管理办法》的规定，跨区域临时经营的纳税人 H 公司未按期缴销发票的，由保证人或者以保证金承担法律责任。所称“由保证人或者以保证金承担法律责任”是指（　　）。

A. 由保证人缴纳税款和滞纳金　　B. 以保证金缴纳税款和滞纳金

C. 以保证金缴纳罚款　　D. 由保证人缴纳罚款

【参考答案】CD

【答案解析】根据《国务院关于修改〈中华人民共和国发票管理办法〉的决定》（中华人民共和国国务院令第 587 号）第十八条：“税务机关对外省、自治区、直辖市来本辖区从事临时经营活动的单位和个人领购发票的，可以要求其提供保证人或者根据所领购发票的票面限额以及数量交纳不超过 1 万元的保证金，并限期缴销发票。按期缴销发票的，解除保证人的担保义务或者退还保证金；未按期缴销发票的，由保证人或者以保证金承担法律责任。”

根据《中华人民共和国发票管理办法实施细则》（国家税务总局令第 25 号）第二十二条：“《办法》第十八条第二款所称由保证人或者以保证金承担法律责任，是指由保证人缴纳罚款或者以保证金缴纳罚款。”

17. 纳税人开具的增值税票需作废处理，需要同时满足以下（　　）条件。

A. 收到退回的发票联、抵扣联，且时间未超过销售方开票当月

B. 销售方未抄税且未记账

C. 购买方未认证，或者认证结果为“纳税人识别号认证不符”“增值税专用发票代码、号码认证不符”

D. 购买方取得增值税专用发票未用于认证，但发票联或抵扣联无法退回

【参考答案】ABC

【答案解析】根据《增值税发票开具指南》：“十五、纳税人在开具增值税专用发票当月，发生销货退回、开票有误等情形，收到退回的发票联、抵扣联符合作废条件的，按作废处理；开具时发现有误的，可即时作废。作废增值税专用发票须在新系统中将相应的数据电文按‘作废’处理，在纸质增值税专用发票（含未打印的增值税专用发票）各联次上注明‘作废’字样，全联次留存。同时具有下列情形的，为本条所称作废条件：（一）收到退回的发票联、抵扣联，且时间未超过销售方开票当月；（二）销售方未抄税且未记账；（三）购买方未认证，或者认证结果为‘纳税人识别号认证不符’‘增值税专用发票代码、号码认证不符’。”

18. 关于增值税专用发票丢失，以下说法正确的有（　　）。

A. 一般纳税人丢失已开具专用发票的发票联和抵扣联，如果丢失前已认证相符的，购买方可凭销售方提供的相应专用发票记账联复印件及销售方主管税务机关出具的《丢失增值税专用发票已报税证明单》或《丢失货物运输业增值税专用发票已报税证明单》，作为增值税进项税额的抵扣凭证

B. 一般纳税人丢失已开具专用发票的发票联和抵扣联，如果丢失前未认证的，购买方凭销售方提供的相应专用发票记账联复印件进行认证，认证相符的可凭专用发票记账联复印件及销售方主管税务机关出具的《证明单》，作为增值税进项税额的抵扣凭证

C. 一般纳税人丢失已开具专用发票的抵扣联，如果丢失前已认证相符的，可使用专用发票的发票联复印件留存备查

D. 一般纳税人丢失已开具专用发票的发票联，可将专用发票抵扣联作为记账凭证，专用发票的抵扣联复印件留存备查

【参考答案】ABCD

【答案解析】根据《国家税务总局关于简化增值税发票领用和使用程序有关问题的公告》（国家税务总局公告 2014 年第 19 号）第三条规定。

19. 纳税人销售不动产申请税务机关代开，以下符合税务机关代开发

票具体规定的是（　　）。

A. “货物或应税劳务、服务名称”栏填写不动产名称及房屋产权证书号码

B. “销售方名称”栏填写代开税务局名称

C. “税率”栏填写增值税征收率。免税、其他个人出租其取得的不动产适用优惠政策减按1.5%征收、差额征税的，“税率”栏自动打印“＊＊＊”

D. 按照核定计税价格征税的，“金额”栏填写不含税计税价格，备注栏注明“核定计税价格，实际成交含税金额×××元”

【参考答案】ABCD

【答案解析】根据《国家税务总局关于营业税改征增值税委托地税局代征税款和代开增值税发票的通知》（税总函〔2016〕145号），税务机关代开发票岗位应按下列要求填开增值税发票：（一）“税率”栏填写增值税征收率。免税、其他个人出租其取得的不动产适用优惠政策减按1.5%征收、差额征税的，“税率”栏自动打印“＊＊＊”；（二）“销售方名称”栏填写代开税务局名称；……（七）纳税人销售其取得的不动产代开发票，“货物或应税劳务、服务名称”栏填写不动产名称及房屋产权证书号码；（八）按照核定计税价格征税的，“金额”栏填写不含税计税价格，备注栏注明“核定计税价格，实际成交含税金额×××元”。

20. 柠檬餐厅2019年1月成立，到税务机关办理首次申领增值税发票，如果要求税务机关在接受申请之日起2个工作日内办结，柠檬餐厅需要同时符合的条件有（　　）。

A. 该餐厅的办事人员和业主已经进行实名信息采集和验证

B. 该餐厅主动申领发票

C. 该餐厅按照规定办理税款设备发行等事宜

D. 该餐厅进行网上办税服务厅开户

【参考答案】ABC

【答案解析】根据《国家税务总局关于新办纳税人首次申领增值税发票有关事项的公告》（国家税务总局公告2018年第29号）：“一、新办纳税人首次申领增值税发票，主管税务机关应当自受理申请之日起2个工

作日内办结，有条件的主管税务机关当日办结：（一）纳税人的办税人员、法定代表人已经进行实名信息采集和验证（需要采集、验证法定代表人实名信息的纳税人范围由各省税务机关确定）；（二）纳税人有开具增值税发票需求，主动申领发票；（三）纳税人按照规定办理税控设备发行等事项。”

21. 关于新办纳税人“套餐式”服务，下列说法不正确的有（　　）。

A. 新设立的个体工商户纳税人适用“套餐式”服务

B. 已进行登记信息确认并在网上办税服务厅开户的纳税人到税务机关办理增值税一般纳税人登记、发票票种核定等涉税事项的，适用“套餐式”服务

C. 新办纳税人可在网上办税服务厅提交“套餐式”服务事项申请

D. 税务机关在规定的期限内完成办理，并通过网上办税服务厅反馈办理情况

【参考答案】AB

【答案解析】根据《国家税务总局关于推行新办纳税人“套餐式”服务的通知》（税总函〔2017〕564 号）：

“一、新办纳税人‘套餐式’服务包括登记信息确认、网上办税服务厅开户、财务会计制度及核算软件备案、纳税人存款账户账号报告、增值税一般纳税人登记、发票票种核定、增值税专用发票最高开票限额审批、实名办税、增值税税控系统专用设备初始发行、发票领用等 10 个涉税事项。

二、‘套餐式’服务的对象为新设立的纳税人，即在市场监督管理部门领取加载统一社会信用代码的营业执照后，首次到税务机关办理涉税事项的纳税人，不包括个体工商户纳税人。因此，个体工商户纳税人不适用‘套餐式’服务。

三、‘套餐式’服务流程　新办纳税人可在网上办税服务厅提交‘套餐式’服务事项申请；税务机关在规定的期限内完成办理，并通过网上办税服务厅反馈办理情况；纳税人依据反馈情况到办税服务厅，领取增值税税控系统专用设备、发票等办理结果。”

22. 下列关于增值税税控系统专用设备的说法，不正确的有（　　）。

A. 纳税人取得由服务单位开具的税控设备销售发票以及相关的技术维护费发票（首次购买），可以按照发票票面的税额抵减增值税税款，不足抵减的，可结转下期继续抵减

B. 纳税人需要增加分开票机的，必须对原有的主开票机专用设备进行变更

C. 纳税人需要减少开票分机，需要上缴税控系统专用设备

D. 按季申报的纳税人使用增值税发票管理系统可以按季进行抄报税

【参考答案】AD

【答案解析】A 选项和 D 选项根据《纳税人办税指南》，增值税税控系统专用设备初始发行，使用增值税发票管理系统的纳税人应每月进行抄报税；纳税人取得由服务单位开具的税控设备销售发票以及相关的技术维护费发票（首次购买），可以按照发票票面的价税合计金额，抵减增值税税款，不足抵减的可结转下期继续抵减。

B 选项根据《纳税人办税指南》，增值税税控系统专用设备变更，纳税人需要增加分开票机的，必须对原有的主开票机专用设备进行变更。

C 选项根据《纳税人办税指南》，增值税税控系统专用设备注销，纳税人有下列情形之一的，需要上缴税控系统专用设备：（1）依法清税注销、终止纳税义务；（2）减少分开票机。

23. 甲广告公司为增值税小规模纳税人，2018 年第二季度，公司发生以下业务：取得广告服务收入开具增值税普通发票金额为 20.6 万元；共支付广告发布费 10.3 万元，其中电视台开具广告发布费增值税普通发票注明的金额为 8.24 万元。下列关于甲广告公司第二季度应缴税费表述正确的有（　　）。

A. 应缴增值税 6 000 元

B. 应缴文化事业建设费 3 708 元

C. 应缴教育费附加、地方教育附加 300 元

D. 应缴教育费附加、地方教育附加 0

【参考答案】ABD

【答案解析】应缴增值税 = 206 000 ÷ 1.03 × 3% = 6 000（元）；根据

《关于营业税改征增值税试点有关文化事业建设费政策及征收管理问题的通知》（财税〔2016〕25号）的规定，广告服务文化事业建设费应缴费额＝计费销售额×3%＝（206 000－82 400）×3%＝3 708（元）。计费销售额，为缴纳义务人提供广告服务取得的全部含税价款和价外费用，减除支付给其他广告公司或广告发布者的含税广告发布费后的余额（缴纳义务人减除价款的，应当取得增值税专用发票或国家税务总局规定的其他合法有效凭证，否则，不得减除）；根据《财政部 国家税务总局关于扩大有关政府性基金免征范围的通知》（财税〔2016〕12号）规定，免征教育费附加、地方教育附加、水利建设基金的范围扩大到按月纳税的月销售额或营业额不超过10万元（按季度纳税的季度销售额或营业额不超过30万元），甲广告公司第二季度应缴教育费附加、地方教育附加为0。

24. 关于红字增值税专用发票开具申请事项，正确的有（ ）。

A. 购买方取得专用发票已用于申报抵扣的，购买方可在增值税发票管理新系统中填开并上传《开具红字增值税专用发票信息表》，在填开此表时填写相对应的蓝字增值税专用发票信息

B. 购买方取得专用发票未用于申报抵扣、但发票联或抵扣联无法退回的，购买方填开此表时应填写相对应的蓝字增值税专用发票信息

C. 销售方开具专用发票尚未交付购买方，销售方可在新系统中填开并上传《开具红字增值税专用发票信息表》，填开此表时应填写相对应的蓝字增值税专用发票信息

D. 购买方未用于申报抵扣并将发票联及抵扣联退回的，销售方可在新系统中填开并上传《开具红字增值税专用发票信息表》，填开此表时应填写相对应的蓝字增值税专用发票信息

【参考答案】BCD

【答案解析】根据《国家税务总局关于红字增值税发票开具有关问题的公告》（国家税务总局公告2016年第47号）：“一、增值税一般纳税人开具增值税专用发票（以下简称专用发票）后，发生销货退回、开票有误、应税服务中止等情形但不符合发票作废条件，或者因销货部分退回及发生销售折让，需要开具红字专用发票的，按以下方法处理：

（一）购买方取得专用发票已用于申报抵扣的，购买方可在增值税发票管理新系统（以下简称新系统）中填开并上传《开具红字增值税专用发票信息表》（以下简称《信息表》，详见附件），在填开《信息表》时不填写相对应的蓝字专用发票信息，应暂依《信息表》所列增值税税额从当期进项税额中转出，待取得销售方开具的红字专用发票后，与《信息表》一并作为记账凭证。

购买方取得专用发票未用于申报抵扣、但发票联或抵扣联无法退回的，购买方填开《信息表》时应填写相对应的蓝字专用发票信息。

销售方开具专用发票尚未交付购买方，以及购买方未用于申报抵扣并将发票联及抵扣联退回的，销售方可在新系统中填开并上传《信息表》。销售方填开《信息表》时应填写相对应的蓝字专用发票信息。”

三、判断题

1. 2018 年 8 月，小李所在的公司与某小型科技企业达成一项批量数据清理服务协议，支付服务费用 1 万元。在进行费用结算时，小李说明公司需要增值税专用发票。此时该企业声明自身是小规模纳税人，只能够到税务机关进行增值税发票代开，因此小李需要等候一到两天，请问这家小型科技企业的处理方法对吗？（　　）

【参考答案】×

【答案解析】根据《国家税务总局关于增值税发票管理若干事项的公告》（国家税务总局公告 2017 年第 45 号），自 2018 年 2 月 1 日起，月销售额超过 3 万元（或季销售额超过 9 万元）的工业以及信息传输、软件和信息技术服务业增值税小规模纳税人（以下简称试点纳税人）发生增值税应税行为，需要开具增值税专用发票的，可以通过增值税发票管理新系统自行开具。

2. 2019 年春节期间，纳税人张某将本地自产的特产带到外省参加春节展销会，为方便经营，将空白发票带往展销会现场使用，被税务机关责令改正，处 1 万元以下的罚款。为此，张某认为自身按照规定金额开具发票，并未存在发票违规行为，便以税务机关“侵害其合法权益”为由，向经营地主管机关提出投诉。当地税务机关做出不予受理的决定。（　　）

【参考答案】√

【答案解析】根据《国务院关于修改〈中华人民共和国发票管理办法〉的决定》（中华人民共和国国务院令第587号）第三十六条："跨规定的使用区域携带、邮寄、运输空白发票，以及携带、邮寄或者运输空白发票出入境的，由税务机关责令改正，可以处1万元以下的罚款；情节严重的，处1万元以上3万元以下的罚款；有违法所得的予以没收。"

根据《纳税服务投诉管理办法（试行）》的规定，对纳税人权益保护的投诉，是指纳税人对税务机关在执行税收政策和实施税收管理的过程中侵害其合法权益而进行的投诉。在本题当中，纳税人已经违反了发票管理办法的相关规定，税务机关并未侵害其合法权益，因此做出不予受理的决定是正确的。

3. 2019年1月，增值税一般纳税人M公司购进一批原材料，取得增值税专用发票，该公司的办税人员应在该发票自开具之日起360日内登录增值税发票选择确认平台进行确认。（ ）

【参考答案】√

【答案解析】根据《国家税务总局关于进一步明确营改增有关征管问题的公告》（国家税务总局公告2017年第11号）："十、自2017年7月1日起，增值税一般纳税人取得的2017年7月1日及以后开具的增值税专用发票和机动车销售统一发票，应自开具之日起360日内认证或登录增值税发票选择确认平台进行确认，并在规定的纳税申报期内，向主管税务机关申报抵扣进项税额。"

4. 2019年3月，某小规模纳税人的月销售额未超过10万元，可以使用增值税发票管理系统开具增值税普通发票；但如需要增值税专用发票时，必须要税务机关办理发票代开手续。（ ）

【参考答案】×

【答案解析】根据小规模纳税人免征增值税政策有关征管问题的相关规定，已经使用增值税发票管理系统的小规模纳税人，月销售额未超过10万元的，可以继续使用现有税控设备开具发票；已经自行开具增值税专用发票的，可以继续自行开具增值税专用发票，并就开具增值税专用发票的销售额计算缴纳增值税。

5. 纳税人张某通过新系统中差额征税开票功能开具增值税发票时，录入不含税销售额和扣除额，系统自动计算税额，备注栏自动打印“差额征税”字样，发票开具不应与其他应税行为混开。（　）

【参考答案】×

【答案解析】根据《增值税发票开具指南》，纳税人或者税务机关通过新系统中差额征税开票功能开具增值税发票时，录入含税销售额（或含税评估额）和扣除额，系统自动计算税额和不含税金额，备注栏自动打印“差额征税”字样，发票开具不应与其他应税行为混开。

6. 某二手车行销售一辆旧车 10 万元，并收取过户手续费 1 000 元，开具二手车销售统一发票一张，车价合计 101 000 元。（　）

【参考答案】×

【答案解析】根据《国家税务总局关于增值税发票管理若干事项的公告》（国家税务总局公告 2017 年第 45 号），自 2018 年 4 月 1 日起，二手车交易市场、二手车经销企业、经纪机构和拍卖企业应当通过增值税发票管理新系统开具二手车销售统一发票。二手车销售统一发票“车价合计”栏次仅注明车辆价款。二手车交易市场、二手车经销企业、经纪机构和拍卖企业在办理过户手续过程中收取的其他费用，应当单独开具增值税发票。

7. 走逃（失联）企业存续经营期间通过填列增值税纳税申报表相关栏次，规避税务机关审核比对，进行虚假申报的纳税人，其所对应属期开具的增值税专用发票列入异常增值税扣税凭证范围。（　）

【参考答案】√

【答案解析】根据《国家税务总局关于走逃（失联）企业开具增值税专用发票认定处理有关问题的公告》（国家税务总局公告 2016 年第 76 号）：“二、走逃（失联）企业开具增值税专用发票的处理（一）走逃（失联）企业存续经营期间发生下列情形之一的，所对应属期开具的增值税专用发票列入异常增值税扣税凭证（以下简称异常凭证）范围……2. 直接走逃失踪不纳税申报，或虽然申报但通过填列增值税纳税申报表相关栏次，规避税务机关审核比对，进行虚假申报的。”

8. 自2017年7月1日起，购买方为公司、个人独资企业、事业单位、合伙企业、个体工商户的，销售方为其开具增值税普通发票时，应在“购买方纳税人识别号”栏填写购买方的纳税人识别号或统一社会信用代码。 （ ）

【参考答案】×

【答案解析】根据《国家税务总局关于增值税发票开具有关问题的公告》（国家税务总局公告2017年第16号）规定，自2017年7月1日起，购买方为企业的，索取增值税普通发票时，应向销售方提供纳税人识别号或统一社会信用代码；销售方为其开具增值税普通发票时，应在“购买方纳税人识别号”栏填写购买方的纳税人识别号或统一社会信用代码。不符合规定的发票，不得作为税收凭证。该公告所称企业，包括公司、非公司制企业法人、企业分支机构、个人独资企业、合伙企业和其他企业。

9. 纳税人张某在向某公司提供劳务服务后取得相应的劳务报酬，到税务机关申请代开增值税发票，税务机关工作人员要求其提交《代开增值税发票缴纳税款申报单》和付款方相关书面确认证明。 （ ）

【参考答案】×

【答案解析】根据《国家税务总局关于改进征管优化服务进一步做好全面推开营改增试点工作的通知》（税总发〔2016〕165号）规定，除销售取得的不动产和其他个人出租不动产代开增值税发票业务外，纳税人申请代开增值税普通发票不再需要提供付款方相关书面确认证明；申请代开增值税专用发票或增值税普通发票时统一填写《代开增值税发票缴纳税款申报单》。

10. 实行实名办税的地区，已由税务机关现场采集法定代表人（业主、负责人）实名信息的纳税人，申请增值税专用发票最高开票限额10万元以上的，主管税务机关应自受理申请之日起2个工作日内办结。 （ ）

【参考答案】×

【答案解析】根据《纳税人办税指南》，实行实名办税的地区，已由税务机关现场采集法定代表人（业主、负责人）实名信息的纳税人，申请增值税专用发票最高开票限额不超过10万元的，主管税务机关应自受理申请之日起 2 个工作日内办结，最高开票限额 10 万元以上 20 个工作日内办结。

四、综合题

1. 张某向蒋某借款 1 000 万元，借款到期后无法归还，遂用自己名下购买原价为 1 100 万元的商铺抵偿，蒋某于 2015 年 10 月取得产权证。

2. 2019 年 1 月 4 日，蒋某将商铺出售给顺达商贸公司，签订销售合同，合同注明销售额为 1 215 万元，向税务机关申请开具六联增值税专用发票，税务机关含税评估价格 1 315 万元。

3. 2019 年 1 月 10 日，顺达商贸公司丢失蒋某开具的增值税专用发票发票联及抵扣联，丢失时未认证确认。

4. 2019 年 1 月 15 日蒋某到办税服务厅咨询如何处理增值税专用发票丢失事宜。蒋某取号以后，转了一圈没发现导税标识，也没有咨询台及咨询人员；叫号后，4 号综合服务窗口工作人员李某接待了他。在了解蒋某的情况后，李某表示自己刚入职，对政策不是很了解，让蒋某到 1 号窗口问问。蒋某到 1 号窗口前排队等候，一直等至 17：30，被告知已到下班时间，当天无法给予答复，让其第二天再来。蒋某在大厅找了一圈也未找到相关领导，一怒之下向“12366”热线实名投诉大厅工作人员。

请根据上述材料回答以下问题：

（1）关于办税服务厅存在的问题，以下说法正确的有（　　）。

A. 办税服务厅未设置咨询辅导区

B. 办税服务厅未配备导税人员

C. 4 号窗口人员未正确履行一次性告知制度

D. 未落实延时服务制度

【参考答案】ABCD

【答案解析】根据《全国税务机关纳税服务规范》，一是办税服务厅未设置咨询辅导区。县级以上办税服务厅要求必须设置办税服务区、咨询辅导区、自助办税区、等候休息区。二是办税服务厅未配备导税人员。导税人员应及时解答纳税人的问题，辅导纳税人填写资料、办理涉税事项。三是4号窗口人员未正确履行一次性告知制度。应正确告知纳税人办理事项的流程和资料。四是未落实延时服务制度。税务机关应对已到下班时间正在办理涉税事宜或已在办税服务场所等候办理涉税事项的纳税人提供延时办税服务。

（2）蒋某将商铺出售给顺达商贸公司需要缴纳增值税（　　）万元。

A. 12.62　　B. 15

C. 10.24　　D. 14.99

【参考答案】B

【答案解析】《国家税务总局关于纳税人转让不动产缴纳增值税差额扣除有关问题的公告》（国家税务总局公告2016年第73号）规定："二、纳税人以契税计税金额进行差额扣除的，按照下列公式计算增值税应纳税额：（一）2016年4月30日及以前缴纳契税的

增值税应纳税额＝［全部交易价格（含增值税）－契税计税金额（含营业税）］÷（1＋5%）×5%

（二）2016年5月1日及以后缴纳契税的

增值税应纳税额＝［全部交易价格（含增值税）÷（1＋5%）－契税计税金额（不含增值税）］×5%"，

因此，蒋某应缴纳增值税税款：（1 315－1 000）÷（1＋5%）×5%＝15（万元）。

（3）纳税人办理不动产产权过户手续，需要使用发票的，可以使用增值税专用发票（　　），或者增值税普通发票（　　）。

A. 第六联；第五联　　B. 第五联；第四联

C. 第六联；第三联　　D. 第五联；第三联

【参考答案】C

【答案解析】根据《国家税务总局关于纳税人销售其取得的不动产办理产权过户手续使用的增值税发票联次问题的通知》（税总函〔2016〕190号），纳税人销售其取得的不动产，自行开具或者税务机关代开增值税发票时，使用六联增值税专用发票或者五联增值税普通发票。纳税人办理产权过户手续需要使用发票的，可以使用增值税专用发票第六联或者增值税普通发票第三联。

（4）关于税务机关为蒋某代开的增值税发票，以下说法正确的是（　　）。

A. 顺达商贸公司不慎遗失代开的增值税专用发票，应当于发现丢失当日书面报告税务机关，并登报声明作废

B. 税务机关应在代开增值税发票的备注栏上加盖税务代开发票专用章

C. 税务机关为蒋某代开增值税专用发票时将填写购买方名称写错，应开具红字发票冲销

D. 蒋某申请代开增值税专用发票后，当月发生退票的，专用发票不能作废

【参考答案】AB

【答案解析】A 选项根据《发票管理办法实施细则》第三十一条："使用发票的单位和个人应当妥善保管发票。发生发票丢失情形时，应当于发现丢失当日书面报告税务机关，并登报声明作废。"

B 选项根据《增值税发票开具指南》："（十）代开发票部门应在代开增值税发票的备注栏上，加盖税务代开发票专用章。"

C 选项和 D 选项根据《国家税务总局关于印发〈税务机关代开增值税专用发票管理办法（试行）〉的通知》（国税发〔2004〕153 号）第十二条："代开专用发票遇有填写错误、销货退回或销售折让等情形的，按照专用发票有关规定处理。税务机关代开专用发票时填写有误的，应及时在防伪税控代开票系统中作废，重新开具。代开专用发票后发生退票的，税务机关应按照增值税一般纳税人作废或开具负数专用发票的有关规定进行处理。对需要重新开票的，税务机关应同时进行新开票税额与原开票税额的清算，多退少补；对无须重新开票的，按有关规定退还增值税纳税人已缴的税款或抵顶下期正常申报税款。"

（5）顺达商贸公司丢失增值税发票，向税务机关报告备案需提供的资料有（　　）。

A. 《发票挂失/损毁报告表》　　B. 《挂失/损毁发票清单》

C. 刊登遗失声明的版面复印件　　D. 发票存根联复印件

【参考答案】ABC

【答案解析】根据《纳税人办税指南》，纳税人发生发票丢失、被盗、损毁致无法辨认代码或号码、灭失的，应当向税务机关报告备案。丢失其他发票的纳税人需提交《发票挂失/损毁报告表》1 份；《挂失/损毁发票清单》1 份 ；刊登遗失声明的版面复印件 1 份。

第三章　申报征收管理

一、单选题

1. 2018 年 7 月，甲纳税人到办税服务厅对 2018 年 4 月增值税一般纳税人申报表进行更正申报，更正申报内容为：4 月份销售收入从“一般项目”移至“即征即退项目”，窗口人员完成更正申报后，纳税人的税款在金税三期核心征管软件将产生的变化是（　　）。

A. 该笔税款将直接变为多缴，不产生欠税

B. 将产生一笔多缴和一笔欠税

C. 将产生一笔欠税而不产生多缴

D. 以上都不对

【参考答案】B

【答案解析】纳税人按规定享受增值税即征即退政策的货物、劳务和服务、不动产、无形资产的征（退）税要与除享受增值税即征即退政策以外的货物、劳务和服务、不动产、无形资产的征（免）税要分别核算，否则不能享受减免税。

2. 纳税人小张发生了以下关于房产交易事项契税申报业务，以下表述不正确的是（　　）。

A. 小张于 2019 年 1 月 2 日签订合约购买了小李的一套住房 A，于 1 月 10 日一次付清房款，契税纳税义务发生时间为 2019 年 1 月 2 日

B. 小张兄妹二人为了给孩子读书，小王把自己的学区房 B 与妹妹的住房进行交换，当交换价格相等时，买卖双方均不需缴纳契税

C. 小张应当自纳税义务发生之日起 10 日内，向 A 房屋所在地税务机

关办理纳税申报，并在30日内缴纳税款

D. 如果小张购买A房屋时采取的是分期付款方式，应该按照合同规定的总价款计征契税

【参考答案】C

【答案解析】A选项根据《中华人民共和国契税暂行条例》（国务院令第224号）第八条："契税的纳税义务发生时间，为纳税人签订土地、房屋权属转移合同的当天，或者纳税人取得其他具有土地、房屋权属转移合同性质凭证的当天。"

B选项根据《中华人民共和国契税暂行条例细则》（财法字〔1997〕52号）第十条："土地使用权交换、房屋交换，交换价格不相等的，由多交付货币、实物、无形资产或者其他经济利益的一方缴纳税款。交换价格相等的，免征契税。土地使用权与房屋所有权之间相互交换，按照前款征税。"

C选项根据《中华人民共和国契税暂行条例》（国务院令第224号）第九条："纳税人应当自纳税义务发生之日起10日内，向土地、房屋所在地的契税征收机关办理纳税申报，并在契税征收机关核定的期限内缴纳税款。"

D选项根据《财政部、国家税务总局关于房屋附属设施有关契税政策的批复》（财税〔2004〕126号）第二条："采取分期付款方式购买房屋附属设施土地使用权、房屋所有权的，应按合同规定的总价款一次性计征契税。"

3. 关于营改增后的不动产交易政策，下列说法不正确的是（　　）。

A. 个人转让房屋的个人所得税应税收入不含增值税，其取得房屋时所支付价款中包含的增值税计入财产原值，计算转让所得时可扣除的税费不包括本次转让缴纳的增值税

B. 个人出租房屋的个人所得税应税收入不含增值税，计算房屋出租所得可扣除的税费不包括本次出租缴纳的增值税

C. 免征增值税的，确定计税依据时，成交价格、租金收入、转让房地产取得的收入不扣减增值税额

D. 个人转租房屋的，其向房屋出租方支付的租金及增值税额，在计

算转租所得时不得扣除

【参考答案】D

【答案解析】C 选项根据《关于营改增后契税　房产税　土地增值税　个人所得税计税依据问题的通知》（财税〔2016〕43 号）："五、免征增值税的，确定计税依据时，成交价格、租金收入、转让房地产取得的收入不扣减增值税额。"

A 选项、B 选项和 D 选项根据《关于营改增后契税　房产税　土地增值税　个人所得税计税依据问题的通知》（财税〔2016〕43 号）："四、个人转让房屋的个人所得税应税收入不含增值税，其取得房屋时所支付价款中包含的增值税计入财产原值，计算转让所得时可扣除的税费不包括本次转让缴纳的增值税。个人出租房屋的个人所得税应税收入不含增值税，计算房屋出租所得可扣除的税费不包括本次出租缴纳的增值税。个人转租房屋的，其向房屋出租方支付的租金及增值税额，在计算转租所得时予以扣除。"

4. A 省某铁矿公司 2018 年发生了以下应税行为，说法正确的是（　　）。

A. 公司卖出了一批铁矿，缴纳资源税的计税依据为应税产品的销售额或销售量，销售额是指纳税人销售应税产品向购买方收取的全部价款和价外费用，包括增值税销项税额和此次卖出铁矿发生的运杂费用

B. 公司以自采铁矿加工精制钢铁制品，在原矿移送使用时不缴纳资源税，在精矿销售或自用时缴纳资源税

C. 鞍山铁矿公司以铁矿投资入股鑫鑫荣钢铁制品公司，无须缴纳资源税

D. 鞍山铁矿公司在 B 省获得一座矿山的开采权，公司财务人员认为，应回公司所在地 A 省申报缴纳资源税

【参考答案】B

【答案解析】依据《财政部　国家税务总局关于资源税改革具体政策问题的通知》（财税〔2016〕54 号）：A 选项："（一）关于销售额的认定。销售额是指纳税人销售应税产品向购买方收取的全部价款和价外费用，不包括增值税销项税额和运杂费用。"

B 选项："五、关于资源税纳税环节和纳税地点　资源税在应税产品的销售或自用环节计算缴纳。以自采原矿加工精矿产品的，在原矿移送使用时不缴纳资源税，在精矿销售或自用时缴纳资源税。"

C 选项："五、……以应税产品投资、分配、抵债、赠与、以物易物等，视同销售，依照本通知有关规定计算缴纳资源税。"

D 选项："五、……纳税人应当向矿产品的开采地或盐的生产地缴纳资源税。纳税人在本省、自治区、直辖市范围开采或者生产应税产品，其纳税地点需要调整的，由省级地方税务机关决定。"

5. 安安公司 2018 年发生以下环境保护税应税行为，说法错误的是（　）。

A. 对于产生的大气污染物，无排放口的可以不缴纳环境保护税

B. 对于产生的第一类水污染物，每一排放口按照污染当量数从大到小排序，对前五项征收环境保护税

C. 对于产生的固定废物，计算应纳税额时可以减除当期固体废物的综合利用量

D. 对于产生的噪声，只有超过国家规定标准的分贝数才需纳税

【参考答案】A

【答案解析】A 选项和 B 选项根据《中华人民共和国环境保护税法》（中华人民共和国主席令第六十一号）第九条："每一排放口或者没有排放口的应税大气污染物，按照污染当量数从大到小排序，对前三项污染物征收环境保护税。每一排放口的应税水污染物，按照本法所附《应税污染物和当量值表》，区分第一类水污染物和其他类水污染物，按照污染当量数从大到小排序，对第一类水污染物按照前五项征收环境保护税，对其他类水污染物按照前三项征收环境保护税。"

C 选项根据《中华人民共和国环境保护税法实施条例》（国令第 693 号）第五条："应税固体废物的计税依据，按照固体废物的排放量确定。固体废物的排放量为当期应税固体废物的产生量减去当期应税固体废物的贮存量、处置量、综合利用量的余额。"

D 选项根据《中华人民共和国环境保护税法》（中华人民共和国主席令第六十一号）第七条："应税污染物的计税依据，按照下列方法确定：……

（四）应税噪声按照超过国家规定标准的分贝数确定。”

6. 老王和儿子小王以 100 万元（不含增值税）共同购买一套 100 平方米普通住房，该套住房属于小王家庭名下的唯一住房，但属于老王家庭名下的第二套住房，这套住房需缴纳的契税为（　　）元。

A. 30 000　　B. 20 000

C. 10 000　　D. 17 500

【参考答案】D

【答案解析】根据国家税务总局财产行为税司内网信息交流平台发布的对房地产交易环节优惠政策解读：“关于不同家庭共同购买一套普通住房如何适用该契税优惠：对两个或两个以上家庭共同购买一套普通住房，以每个家庭为单位分别认定纳税人是否符合《通知》规定的优惠条件，并按每个家庭所占该共同购买房屋的份额适用相应税率，计算缴纳契税。”因此，对小王可按家庭唯一住房的税率计征税款，对老王按第二套住房的税率计征税款：$50\times1.5\%+50\times2\%=1.75$（万元）。

7. 以下说法不正确的是（　　）。

A. 美国企业 2018 年远程为中国境内企业取得咨询收入 200 万元，在计算企业所得税时实际使用 10% 的企业所得税税率

B. 某商贸企业从事国家非限制和禁止行业，有职工 20 人，资产总额 500 万元，2019 年 1—3 月应纳税所得额 50 万元，在计算企业所得税时使用 10% 的企业所得税税率

C. 辉煌技术开发公司 2018 年 1 月取得高新技术企业资质，在计算企业所得税时使用 15% 的企业所得税税率

D. 查账征收企业 A 公司 2018 年取得收入 800 万元，在 2019 年企业所得税汇算清缴时使用 25% 的企业所得税税率

【参考答案】B

【答案解析】A 选项根据《中华人民共和国企业所得税法》第二条：“企业分为居民企业和非居民企业……本法所称非居民企业，是指依照外国（地区）法律成立且实际管理机构不在中国境内，但在中国境内设立机构、场所的，或者在中国境内未设立机构、场所，但有来源于中国境内所得的企业。”《中华人民共和国企业所得税法实施条例》（中华人民共

和国国务院令第512号）第九十一条规定："非居民企业取得企业所得税法第二十七条第（五）项规定的所得，减按10%的税率征收企业所得税。"

B选项根据《国家税务总局关于实施小型微利企业普惠性所得税减免政策有关问题的公告》（国家税务总局公告2019年第2号）："一、自2019年1月1日至2021年12月31日，对小型微利企业年应纳税所得额不超过100万元的部分，减按25%计入应纳税所得额，按20%的税率缴纳企业所得税；对年应纳税所得额超过100万元但不超过300万元的部分，减按50%计入应纳税所得额，按20%的税率缴纳企业所得税。二、本公告所称小型微利企业是指从事国家非限制和禁止行业，且同时符合年度应纳税所得额不超过300万元、从业人数不超过300人、资产总额不超过5 000万元等三个条件的企业。"

C选项根据《中华人民共和国企业所得税法》第二十八条："符合条件的小型微利企业，减按20%的税率征收企业所得税。

国家需要重点扶持的高新技术企业，减按15%的税率征收企业所得税。"

D选项根据《中华人民共和国企业所得税法》第四条："企业所得税的税率为25%。"

8. 欧去雅公司是一家化妆品制造公司，2018年营业收入100万元，发生广告费和业务宣传费支出60万元，关于广告费和业务宣传费以下说法正确的是（　　）。

A. 当年准予扣除15万元，余下部分准予在以后纳税年度结转扣除

B. 当年准予扣除15万元，余下部分不在以后纳税年度结转扣除

C. 当年准予扣除30万元，余下部分准予在以后纳税年度结转扣除

D. 当年准予扣除30万元，余下部分不在以后纳税年度结转扣除

【参考答案】C

【答案解析】根据《财政部、国家税务总局关于广告费和业务宣传费支出税前扣除政策的通知》（财税〔2017〕41号）："……一、对化妆品制造或销售、医药制造和饮料制造（不含酒类制造）企业发生的广告费和业务宣传费支出，不超过当年销售（营业）收入30%的部分，准予扣

除；超过部分，准予在以后纳税年度结转扣除。”

9. 下列说法符合车船税法规定的有（　　）。

A. 阿尔法公司是一家在中国境内依法成立的公司，该公司将一艘游艇出租给国外某公司，应依法申报缴纳车船税

B. 阿尔法公司是一家在中国境内依法成立的公司，该公司租入国外某公司的一辆大型货运车，应依法申报缴纳车船税

C. 王聪从国外租入一艘豪华游艇，应依法申报缴纳车船税

D. 经批准，香港某公司的一辆大型客车临时入境，应依法申报缴纳车船税

【参考答案】A

【答案解析】ABC 选项根据《中华人民共和国车船税法》第一条：“在中华人民共和国境内属于本法所附《车船税税目税额表》规定的车辆、船舶（以下简称车船）的所有人或者管理人，为车船税的纳税人，应当依照本法缴纳车船税。”

D 选项根据《中华人民共和国车船税法》第二十四条：“临时入境的外国车船和香港特别行政区、澳门特别行政区、台湾地区的车船，不征收车船税。”

10. 家家旺公司是小规模纳税人，持有一栋房产，房产原值 1 000 万元，2019 年 1 月 1 日将其对外出租，租赁合同约定租期 5 年，每月收取租金 1 万元并免收 2019 年 1—3 月租金。已知当地省政府规定计算房产余值的减除比例为 30%，6 税 2 费减按 5% 计征。2019 年该公司就上述房产应缴纳房产税（　　）万元。

A. 3. 18　　B. 0. 12

C. 1. 59　　D. 2. 22

【参考答案】C

【答案解析】根据《中华人民共和国房产税暂行条例》（国务院国发〔1986〕90 号）第三条：“房产税依照房产原值一次减除 10% 至 30% 后的余值计算缴纳。具体减除幅度，由省、自治区、直辖市人民政府规定。房产出租的，以房产租金收入为房产税的计税依据。”

第四条：“房产税的税率，依照房产余值计算缴纳的，税率为 1. 2%；

依照房产租金收入计算缴纳的，税率为12%。（一）以房产原值为计税依据，全年应纳税额：房产原值×（1－30%）×1.2%；（二）以租金收入为计税依据的，全年应纳税额：全年的租金收入×12%。

对出租房产，租赁双方签订的租赁合同约定有免收租金期限的，免收租金期间由产权所有人按照房产原值缴纳房产税。”

该房屋1—3月从价计算房产税，4—12月从租计算房产税：

全年应纳税额＝[房产原值×（1－30%）×1.2%×3/12＋月租金收入×12%×月数]×50%

＝[1 000×（1－30%）×1.2%×3/12＋1×12%×9]×50%

＝3.18×50%＝1.59（万元）

11. 2018年，绿城房地产开发公司通过土地招拍挂获得一块土地，进行住宅商品房开发，以下关于土地增值税的说法正确的是（　　）。

A. 财务费用中的利息支出有金融机构证明的允许据实扣除

B. 住宅的开发成本可以扣除，但装修费用不得扣除

C. 小区内设的幼儿园，其成本、费用可以扣除

D. 房地产开发企业的预提费用都可以扣除

【参考答案】C

【答案解析】A选项根据《中华人民共和国土地增值税暂行条例实施细则》（财法字〔1995〕6号）：“财务费用中的利息支出，凡能够按转让房地产项目计算分摊并提供金融机构证明的，允许据实扣除，但最高不能超过按商业银行同类同期贷款利率计算的金额。其他房地产开发费用，按本条（一）、（二）项规定计算的金额之和的5%以内计算扣除。”

B选项和D选项根据《国家税务总局关于房地产开发企业土地增值税清算管理有关问题的通知》（国税发〔2006〕187号）：“四、土地增值税的扣除项目　（一）房地产开发企业办理土地增值税清算时计算与清算项目有关的扣除项目金额，应根据土地增值税暂行条例第六条及其实施细则第七条的规定执行。除另有规定外，扣除取得土地使用权所支付的金额、房地产开发成本、费用及与转让房地产有关税金，须提供合法有效凭证；不能提供合法有效凭证的，不予扣除……（四）房地产开发

企业销售已装修的房屋，其装修费用可以计入房地产开发成本。房地产开发企业的预提费用，除另有规定外，不得扣除。”

12. 天地一号房地产开发企业 2010 年在某市购置一栋办公楼，2018 年 12 月，该企业将该办公楼转让。以下关于土地增值税说法正确的是（　　）。

A. 纳税人转让旧房及建筑物时因计算纳税的需要而对房地产进行评估，其支付的评估费用不允许在计算增值额时扣除

B. 纳税人提供扣除项目金额不实的，按税务部门估定的价格扣除

C. 对纳税人购房时缴纳的契税，凡能提供契税完税凭证的，准予作为“与转让房地产有关的税金”予以扣除，且作为加计 5% 的基数

D. 提供的购房凭据为营改增后取得的增值税普通发票的，按照发票所载价税合计金额，从购买年度起至转让年度止每年加计 5% 计算

【参考答案】D

【答案解析】A 选项根据《财政部、国家税务总局关于土地增值税一些具体问题规定的通知》（财税字〔1995〕48 号）规定：“……十二、关于评估费用可否在计算增值额时扣除的问题　纳税人转让旧房及建筑物时因计算纳税的需要而对房地产进行评估，其支付的评估费用允许在计算增值额时予以扣除。对条例第九条规定的纳税人隐瞒、虚报房地产成交价格等情形而按房地产评估价格计算征收土地增值税所发生的评估费用，不允许在计算土地增值税时予以扣除。”

B 选项根据《土地增值税暂行条例实施细则》规定：“提供扣除项目金额不实的，应由评估机构按照房屋重置成本价乘以成新度折扣率计算的房屋成本价和取得土地使用权时的基准地价进行评估。税务机关根据评估价格确定扣除项目金额。”

C 选项根据《财政部　国家税务总局关于土地增值税若干问题的通知》规定：“二、关于转让旧房准予扣除项目的计算问题　纳税人转让旧房及建筑物，凡不能取得评估价格，但能提供购房发票的，经当地税务部门确认，《条例》第六条第（一）、（三）项规定的扣除项目的金额，可按发票所载金额并从购买年度起至转让年度止每年加计 5% 计算。对纳税人购房时缴纳的契税，凡能提供契税完税凭证的，准予作为‘与转让

房地产有关的税金’予以扣除，但不作为加计5%的基数。”

D选项根据《国家税务总局关于营改增后土地增值税若干征管规定的公告》（国家税务总局公告2016年第70号）规定：“六、关于旧房转让时的扣除计算问题　营改增后，纳税人转让旧房及建筑物，凡不能取得评估价格，但能提供购房发票的，《中华人民共和国土地增值税暂行条例》第六条第一、三项规定的扣除项目的金额按照下列方法计算……（二）提供的购房凭据为营改增后取得的增值税普通发票的，按照发票所载价税合计金额从购买年度起至转让年度止每年加计5%计算。”

13. 万芳公司的房产于2018年产生以下业务，其中需要缴纳房产税的是（　　）。

A. 万芳公司租用小张的一栋房产用作单位食堂

B. 万芳公司租用的小王的一处房产做办公楼，小王已出国

C. 万芳公司因内部原因将名下的一栋仓库典当给玉财公司

D. 万芳公司与青山公司因一处房产产生产权纠纷，尚未解决，该房产现在的实际使用人为青山公司

【参考答案】B

【答案解析】根据《中华人民共和国房产税暂行条例》（国发〔1986〕90号）第二条规定：“房产税由产权所有人缴纳。产权属于全民所有的，由经营管理的单位缴纳。产权出典的，由承典人缴纳。产权所有人、承典人不在房产所在地的，或者产权未确定及租典纠纷未解决的，由房产代管人或者使用人缴纳。”

14. 对于纳税人发生的以下涉税事项，说法不正确的有（　　）。

A. 纳税人申报比对相符，主管税务机关对纳税人税控设备进行解锁

B. 纳税人因增值税优惠没有进行备案，申报比对不通过，税务机关应对税控设备进行解锁

C. 申报比对不符，均暂不对其税控设备进行解锁，并将异常比对结果转交申报异常处理岗

D. 异常比对结果经申报异常处理岗核实可以解除异常的，对纳税人税控设备进行解锁

【参考答案】C

【答案解析】根据《国家税务总局关于印发〈增值税纳税申报比对管理操作规程（试行）〉通知》（税总发〔2017〕124 号）："六、申报比对操作流程　申报比对环节可以设置在事中或者事后，由省税务机关根据申报管理需要进行确定。主管税务机关通过征管信息系统或网上申报系统进行申报比对，并根据比对结果分别采取以下处理流程：

（一）申报比对相符

申报比对相符后，主管税务机关对纳税人税控设备进行解锁。

（二）申报比对不相符

申报比对不相符的，向纳税人反馈比对不相符的内容，并按照下列流程进行处理：

1. 申报比对不符的，除符合本项第 2 点情形外，暂不对其税控设备进行解锁，并将异常比对结果转交申报异常处理岗。

2. 纳税人仅因为相关资格尚未备案，造成比对不符的，应当对税控设备进行解锁。

3. 异常比对结果经申报异常处理岗核实可以解除异常的，对纳税人税控设备进行解锁；核实后仍不能解除异常的，不得对税控设备解锁，由税源管理部门继续核实处理。"

15. 下列关于车船税的相关表述中，不正确的是（　　）。

A. 一个纳税年度内，纳税人在非车辆登记地由保险机构代收代缴车船税，且能够提供合法有效完税证明的，不再向车辆登记地的地方税务机关缴纳车船税

B. 从事机动车第三者责任强制保险业务的保险机构为机动车车船税的扣缴义务人，应当在收取保险费时依法代收车船税，并出具代收税款凭证

C. 保险机构在代收车船税时，应当在机动车交通事故责任强制保险的保险单以及保费发票上注明已收税款的信息和减免税信息，作为代收税款凭证

D. 2018 年 2 月张三为自己的小汽车缴纳了车船税，5 月时将车辆卖给李四，张三可以到税务机关申请退 5—12 月的车船税

【参考答案】D

【答案解析】选项D根据《中华人民共和国车船税法实施条例》（中华人民共和国国务院令第611号）的规定："第二十条　已缴纳车船税的车船在同一纳税年度内办理转让过户的，不另纳税，也不退税。"

16. 2018年，小张发生涉税业务，以下说法正确的是（　　）。

A. 小张将名下的一处房产作股投入小张本人的独资经营企业，需就该房产申报缴纳契税

B. 小张经营企业通过招拍挂取得一处土地，因当地政策支持减免土地出让金50%，契税也可以享受50%减免

C. 小张将名下的一处房产赠与朋友小王，双方无须缴纳契税

D. 小张的父亲去世，2018年继承爷爷的一处房产，免征契税

【参考答案】D

【答案解析】选项A根据《财政部、国家税务总局关于企业改制重组若干契税政策的通知》（财税〔2003〕184号）第七条规定："企业改制重组过程中，同一投资主体内部所属企业之间土地、房屋权属的无偿划转，不征收契税。"自然人与其个人独资企业、一人有限责任公司之间土地、房屋权属的无偿划转属于同一投资主体内部土地、房屋权属的无偿划转，可比照上述规定不征收契税。

选项B根据《国家税务总局关于免征土地出让金出让国有土地使用权征收契税的批复》："对承受国有土地使用权所应支付的土地出让金，要计征契税。不得因减免土地出让金，而减免契税。"

选项C根据《中华人民共和国契税暂行条例》（国务院令第224号），在中华人民共和国境内转移土地、房屋权属，承受的单位和个人为契税的纳税人。土地使用权转让，包括出售、赠与和交换。

选项D根据《国家税务总局关于继承土地、房屋权属有关契税问题的批复》："一、对于《中华人民共和国继承法》规定的法定继承人（包括配偶、子女、父母、兄弟姐妹、祖父母、外祖父母）继承土地、房屋权属，不征契税。"

17. 孤寡老人老王名下有套房产，老王去世前立遗嘱，将名下房产赠与一直照顾自己的保姆小张，则小张缴纳契税的计税依据为（　　）。

A. 协议价格　　　　　　B. 房产原值

C. 剩余价值　　　　　　D. 市场价格

【参考答案】D

【答案解析】根据《中华人民共和国契税暂行条例》（国务院令第224号）第四条规定："契税的计税依据：（一）国有土地使用权出让、土地使用权出售、房屋买卖，为成交价格；（二）土地使用权赠与、房屋赠与，由征收机关参照土地使用权出售、房屋买卖的市场价格核定；（三）土地使用权交换、房屋交换，为所交换的土地使用权、房屋的价格的差额。前款成交价格明显低于市场价格并且无正当理由的，或者所交换土地使用权、房屋的价格的差额明显不合理并且无正当理由的，由征收机关参照市场价格核定。"

18. 以下行为，应申报缴纳契税的是（　　）。

A. 小张将名下的一栋房产出租给某公司做办公楼

B. 小李继承了父亲的一套商品房

C. 小刘与小孙互换住房，且价值相当

D. 小王将名下房产抵押给小狄，到期后无力偿还债务

【参考答案】D

【答案解析】选项A根据《国家税务总局关于出售或租赁房屋使用权是否征收契税问题的批复》（国税函〔1999〕465号）规定："房屋使用权与房屋所有权是两种不同性质的权属。根据现行契税法规的法规，房屋使用权的转移行为不属于契税征收范围，不应征收契税。"

选项B根据《国家税务总局关于继承土地、房屋权属有关契税问题的批复》（国税函〔2004〕1 036号）规定："一、对于《中华人民共和国继承法》规定的法定继承人（包括配偶、子女、父母、兄弟姐妹、祖父母、外祖父母）继承土地、房屋权属，不征契税。"

选项C根据《中华人民共和国契税暂行条例》，土地使用权交换、房屋交换、土地使用权与房屋所有权之间相互交换，交换价格不相等的，由多交付货币、实物、无形资产或者其他经济利益的一方缴纳税款。交换价格相等的，免征契税。

选项D根据《中华人民共和国契税暂行条例》第四条："……（六）债权人以抵债方式取得债务人的土地、房屋权属的。"

19. 下列收入中不会影响本期业务招待费扣除金额的有（　　）。

A. 产品销售收入　　B. 提供劳务收入

C. 房屋租金收入　　D. 转让无形资产收入

【参考答案】D

【答案解析】根据《中华人民共和国企业所得税法实施条例》（中华人民共和国国务院令第512号）第四十三条规定："企业发生的与生产经营活动有关的业务招待费支出，按照发生额的60%扣除，但最高不得超过当年销售（营业）收入的5‰。"

营业收入 = 主营业务收入 + 其他业务收入

A选项产品销售收入和B选项提供劳务收入属于主营业务收入；C选项房屋租金收入属于其他收入；D选项转让无形资产收入属于营业外收入。

20. 2018年，绿城公司发生以下业务，关于城镇土地使用税纳税义务发生时间的表述，正确的是（　　）。

A. 2018年1月，绿城公司购置一处新建商品房，该商品房在2018年5月交付使用，就该商品房应自2018年2月起申报缴纳城镇土地使用税

B. 2018年6月，绿城公司购入一套存量房，自2018年7月取得房产证，就该存量房应自2018年7月起申报缴纳城镇土地使用税

C. 2018年8月，绿城公司签订合同购入一块非耕地，但合同未约定交付土地时间，则由绿城公司2018年9月起申报缴纳城镇土地使用税

D. 2018年初，绿城公司新征用一块耕地，应自批准征用之日起满6个月时开始申报缴纳城镇土地使用税

【参考答案】C

【答案解析】C和D选项根据《中华人民共和国城镇土地使用税暂行条例》（中华人民共和国国务院令第483号）第九条规定："新征用的土地，依照下列规定缴纳土地使用税：（一）征用的耕地，自批准征用之日起满1年时开始缴纳土地使用税；（二）征用的非耕地，自批准征用次月起缴纳土地使用税。"

根据《财政部　国家税务总局关于房产税、城镇土地使用税有关政

策的通知》（财税〔2006〕186号）：“二、关于有偿取得土地使用权城镇土地使用税纳税义务发生时间问题　以出让或转让方式有偿取得土地使用权的，应由受让方从合同约定交付土地时间的次月起缴纳城镇土地使用税；合同未约定交付土地时间的，由受让方从合同签订的次月起缴纳城镇土地使用税。”

A和B选项根据《国家税务总局关于房产税城镇土地使用税有关政策规定的通知》（国税发〔2003〕89号）：“二、关于确定房产税、城镇土地使用税纳税义务发生时间问题　（一）购置新建商品房，自房屋交付使用之次月起计征房产税和城镇土地使用税。（二）购置存量房，自办理房屋权权属转移、变更登记手续，房地产权属登记机关签发房屋权属证书之次月起计征房产税和城镇土地使用税。”

21. 2018年小张购买的下列商品中，属于消费税征税范围的是（　　）。

A. 售价8 500元的手表　　B. 出厂价3 000元以下的啤酒

C. 电动汽车　　D. 高尔夫车

【参考答案】B

【答案解析】根据《中华人民共和国消费税暂行条例》，价格低于10 000元的手表、电动汽车、沙滩车、雪地车、卡丁车、高尔夫车不属于消费税征税范围。

22. 以下关于消费税的说法正确的是（　　）。

A. 白酒连同包装物共同销售，但是包装物单独计价，则消费税的应税销售额不包括包装物的价格

B. 白酒生产企业向销售单位收取的品牌使用费，无论企业采取何种方式或以何种名义收取价款，均需并入白酒销售额缴纳消费税

C. 自产自用应税消费品的，消费税应税数量为消费品的生产数量

D. 进口应税消费品，消费税应税数量为税务机关核定的应税消费品进口征税数量

【参考答案】B

【答案解析】选项A根据《中华人民共和国消费税暂行条例实施细则》第十三条：“应税消费品连同包装物销售的，无论包装物是否单独计

价以及在会计上如何核算，均应并入应税消费品的销售额中缴纳消费税。如果包装物不作价随同产品销售，而是收取押金，此项押金则不应并入应税消费品的销售额中征税。但对因逾期未收回的包装物不再退还的或者已收取的时间超过12个月的押金，应并入应税消费品的销售额，按照应税消费品的适用税率缴纳消费税。”

选项B根据《国家税务总局关于酒类产品消费税政策问题的通知》(国税发〔2002〕109号)：“三、关于‘品牌使用费’征税问题 白酒生产企业向商业销售单位收取的‘品牌使用费’是随着应税白酒的销售而向购货方收取的，属于应税白酒销售价款的组成部分，因此，不论企业采取何种方式或以何种名义收取价款，均应并入白酒的销售额中缴纳消费税。”

选项C、D根据《中华人民共和国消费税暂行条例实施细则》第九条：“条例第五条第一款所称销售数量，是指应税消费品的数量。具体为……（二）自产自用应税消费品的，为应税消费品的移送使用数量；……（四）进口应税消费品的，为海关核定的应税消费品进口征税数量。”

23. 以下关于增值税的说法，正确的是（　　）。

A. 新兴投资有限公司购入基金、信托等资产管理产品持有至到期，属于金融商品转让

B. 欢乐游乐园的游船收入，应按照交通运输服务缴纳增值税

C. 绿城物业服务公司为业主提供的装修服务，按照商业辅助服务缴纳增值税

D. 大型建筑公司将建筑施工设备出租给他人使用并配备操作人员的，按建筑服务缴纳增值税

【参考答案】D

【答案解析】根据《财政部 国家税务总局关于明确金融 房地产开发 教育辅助服务等增值税政策的通知》：“二、纳税人购入基金、信托、理财产品等各类资产管理产品持有至到期，不属于《销售服务、无形资产、不动产注释》（财税〔2016〕36号）第一条第（五）项第4点所称的金融商品转让。”“十一、纳税人在游览场所经营索道、摆渡车、电瓶车、游船等取得的收入，按照‘文化体育服务’缴纳增值税。”“十五、

物业服务企业为业主提供的装修服务，按照‘建筑服务’缴纳增值税。”“十六、纳税人将建筑施工设备出租给他人使用并配备操作人员的，按照‘建筑服务’缴纳增值税。”

24. 下列行为中，不属于增值税征收范围的有（　　）。

A. 大风公司将自己的一栋办公楼与另一家公司的土地进行交换

B. 大风公司将拥有的一处仓库出租给大兴公司，大兴公司长期无法支付租金，后用原材料抵债

C. 大风公司与东风汽修公司签订合同，大风公司为东风汽修公司免费提供场地，东风汽修公司为大风公司免费提供汽车检查维修服务

D. 法国的莫斯特公司向境内大风公司出租一辆在法国使用的作业用车

【参考答案】D

【答案解析】选项D根据《财政部　国家税务总局关于全面推开营业税改征增值税试点的通知》（财税〔2016〕36号）文件附件一《营业税改征增值税试点实施办法》规定：“第一条　在中华人民共和国境内（以下称境内）销售服务、无形资产或者不动产（以下称应税行为）的单位和个人，为增值税纳税人，应当按照本办法缴纳增值税，不缴纳营业税。”“第十二条　在境内销售服务、无形资产或者不动产，是指：（一）服务（租赁不动产除外）或者无形资产（自然资源使用权除外）的销售方或者购买方在境内；（二）所销售或者租赁的不动产在境内……”“第十三条　下列情形不属于在境内销售服务或者无形资产……（三）境外单位或者个人向境内单位或者个人出租完全在境外使用的有形动产。”

25. 安安公司是一般纳税人，2018年发生的下列业务中，不可以选择简易计税方法计税的是（　　）。

A. 自产的用于自己建筑建设使用的石料

B. 以清包工方式给其他公司提供的建筑服务

C. 将外购的电梯销售给某公司，对其提供的安装服务

D. 对安装的电梯提供的维护保养服务

【参考答案】D

【答案解析】选项A根据《财政部　国家税务总局关于部分货物适用

增值税低税率和简易办法征收增值税政策的通知》（财税〔2009〕9号）：“二、下列按简易办法征收增值税的优惠政策继续执行，不得抵扣进项税额：……（三）一般纳税人销售自产的下列货物，可选择按照简易办法依照6%征收率计算缴纳增值税……2. 建筑用和生产建筑材料所用的砂、土、石料。3. 以自己采掘的砂、土、石料或其他矿物连续生产的砖、瓦、石灰（不含黏土实心砖、瓦）……”

选项B根据《财政部 国家税务总局关于全面推开营业税改征增值税试点的通知》（财税〔2016〕36号）文件附件一《营业税改征增值税试点实施办法》规定：“一般纳税人发生下列应税行为可以选择适用简易计税方法计税：……（七）建筑服务。1. 一般纳税人以清包工方式提供的建筑服务，可以选择适用简易计税方法计税。”

选项CD根据《国家税务总局关于明确中外合作办学等若干增值税征管问题的公告》（国家税务总局公告2018年第42号）规定：“六、一般纳税人销售自产机器设备的同时提供安装服务，应分别核算机器设备和安装服务的销售额，安装服务可以按照甲供工程选择适用简易计税方法计税。一般纳税人销售外购机器设备的同时提供安装服务，如果已经按照兼营的有关规定，分别核算机器设备和安装服务的销售额，安装服务可以按照甲供工程选择适用简易计税方法计税。纳税人对安装运行后的机器设备提供的维护保养服务，按照‘其他现代服务’缴纳增值税。”

26. 纳税人跨地区提供建筑服务、销售和出租不动产的，应在建筑服务发生地、不动产所在地预缴增值税时，以下关于就地计算缴纳城建税和教育费附加时，以什么为计税依据，并按什么税率标准进行计算的表述当中，正确的是（　　）。

A. 以预缴增值税税额为计税依据，以机构所在地税率标准为税率

B. 以预缴增值税税额为计税依据，以预缴增值税所在地税率标准为税率

C. 以实际缴纳增值税税额为计税依据，以机构所在地税率标准为税率

D. 以实际缴纳增值税税额为计税依据，以项目所在地税率标准为税率

【参考答案】B

【答案解析】根据《财政部　国家税务总局关于纳税人异地预缴增值税有关城市维护建设税和教育费附加政策问题的通知》（财税〔2016〕74号）：“一、纳税人跨地区提供建筑服务、销售和出租不动产的，应在建筑服务发生地、不动产所在地预缴增值税时，以预缴增值税税额为计税依据，并按预缴增值税所在地的城市维护建设税适用税率和教育费附加征收率就地计算缴纳城市维护建设税和教育费附加。”

27. 根据现行政策规定，自2017年7月1日起，下列说法不正确的是（　　）。

A. 纳税人甲企业从在超市购进适用免征增值税政策的蔬菜取得的普通发票，可以按10%的税率作为计算抵扣进项税额的凭证

B. 一般纳税人B企业销售图书，增值税税率为9%

C. 一般纳税人丙公司从按照简易计税方法依照3%征收率计算缴纳增值税的小规模纳税人M公司购进农产品取得的增值税专用发票，以增值税专用发票上注明的金额和9%的扣除率计算进项税额

D. 纳税人K企业购进用于生产销售13%税率货物的农产品，按照10%的扣除率计算进项税额

【参考答案】A

【答案解析】A选项根据《财政部　国家税务总局关于简并增值税税率有关政策的通知》（财税〔2017〕37号），纳税人从批发、零售环节购进适用免征增值税政策的蔬菜、部分鲜活肉蛋而取得的普通发票，不得作为计算抵扣进项税额的凭证。

B选项根据财税〔2017〕37号文件的规定，自2017年7月1日起，简并增值税税率结构，取消13%的增值税税率。纳税人销售或者进口农产品（含粮食）……农膜、化肥、沼气、二甲醚、图书……税率为11%。

根据财税〔2018〕32号文件规定，自2018年5月1日起，原适用17%和11%税率的，税率分别调整为16%、10%。根据《关于深化增值税有关政策的公告》（财政部 税务总局 海关总署公告2019年39号公告）：“一、增值税一般纳税人（以下称纳税人）发生增值税应税销售行为或者进口货物，原适用16%税率的，税率调整为13%；原适用10%税

率的，税率调整为9%。”

C选项根据《财政部　国家税务总局关于简并增值税税率有关政策的通知》（财税〔2017〕37号）：“二、纳税人购进农产品，按下列规定抵扣进项税额：（一）除本条第（二）项规定外，纳税人购进农产品……从按照简易计税方法依照3%征收率计算缴纳增值税的小规模纳税人取得增值税专用发票的，以增值税专用发票上注明的金额和11%的扣除率计算进项税额；取得（开具）农产品销售发票或收购发票的，以农产品销售发票或收购发票上注明的农产品买价和11%的扣除率计算进项税额。”根据财税〔2018〕32号文件规定，自2018年5月1日起，原适用17%和11%税率的，税率分别调整为16%、10%。根据《关于深化增值税有关政策的公告》（财政部 税务总局 海关总署2019年第39号公告）纳税人购进农产品，原适用10%扣除率的，扣除率调整为9%。

D选项根据《关于深化增值税有关政策的公告》（财政部 税务总局 海关总署2019年第39号公告）纳税人购进用于生产或者委托加工13%税率货物的农产品，按照10%的扣除率计算进项税额。

28. 纳税人办理纳税申报时应如实填写《车辆购置税纳税申报表》，提供的资料不包括（　　）。

A. 纳税人身份证明　　B. 车辆价格证明

C. 车辆合格证明　　D. 车辆保险证明

【参考答案】D

【答案解析】根据《纳税人办税指南》，发生车辆购置税应税行为的纳税人，依照法律、行政法规规定或者税务机关确定的申报期限、申报内容，向税务机关申报缴纳车辆购置税应报送的资料有《车辆购置税纳税申报表》2份；纳税人身份证明1份；车辆价格证明原件及复印件1份；车辆合格证明、车辆价格证明原件及复印件1份。

29. 纳税人甲企业因经营不善导致严重亏损，不能按期缴纳耕地占用税税款，向税务机关申请延期缴纳税款，经省级税务机关批准该企业可以延期缴纳税款但是最长不得超过（　　）。

A. 3个月　　B. 6个月

C. 1年　　D. 2年

【参考答案】A

【答案解析】根据《纳税人办税指南》，纳税人因有下列情形，不能按期缴纳税款的，应当在缴纳税款期限届满前提出申请，经省税务机关批准，可以延期缴纳税款，但是最长不得超过3个月：

（1）因不可抗力，导致纳税人发生较大损失，正常生产经营活动受到较大影响的。

（2）当期货币资金在扣除应付职工工资、社会保险后，不足以缴纳税款的。

30. 关于申请领取代扣代收代征税款手续费不正确的有（　　）。

A. 某税务机关委托邮政代征个人、个体及实行核定征收税款的小型企业的税收，手续费按不超过代征税款的1%支付

B. 某企业按照法律规定代扣代缴本企业职工的个人所得税，其手续费按代扣、代收税款的2%支付

C. 某税务机关委托市场监督部门代征代售印花税票，其手续费按代售金额5%支付

D. 某税务机关委托方正证券交易所代征证券交易印花税，其手续费按代征税款的0.5%支付

【参考答案】D

【答案解析】根据《财政部　国家税务总局　中国人民银行关于进一步加强代扣代收代征税款手续费管理的通知》（财行〔2005〕365号）："二、'三代'税款手续费支付比例：（一）法律、行政法规规定的代扣代缴、代收代缴税款，税务机关按代扣、代收税款的2%支付。（二）委托金融机构或邮政部门代征个人、个体及实行核定征收税款的小型企业的税收，税务机关按不超过代征税款的1%支付。（三）税务机关委托单位或个人代征农贸市场、专业市场的税收，税务机关按不超过代征税款的5%支付。（四）税务机关委托单位和个人代征交通、房地产、屠宰等特殊行业的税款，税务机关按不超过代征税款的5%支付。（五）委托证券交易所和证券登记结算机构代征证券交易印花税，税务机关按代征税款的0.3%支付；委托有关单位代征代售印花税票按代售金额5%支付。"

二、多选题

1. 大兴建设有限公司2018年发生以下业务，说法正确的是（ ）。

A. 在城中村租赁了一块土地用于存放车辆，该土地属于集体所有建设用地，应由大兴建设有限公司申报缴纳城镇土地使用税

B. 在城中村租赁了一块土地用于存放车辆，该土地属于集体所有建设用地，应由该集体申报缴纳城镇土地使用税

C. 该公司在某县城单独建造了一处地下停车场，应按规定申报缴纳城镇土地使用税

D. 按照国家去产能调结构工作要求，2018年10月5日该公司将某厂区关停，则自2018年11月起，该厂区所占土地免城镇土地使用税

【参考答案】ACD

【答案解析】选项A、B根据《财政部、税务总局关于承租集体土地城镇土地使用税有关政策的通知》（财税〔2017〕29号）："在城镇土地使用税征税范围内，承租集体所有建设用地的，由直接从集体经济组织承租土地的单位和个人，缴纳城镇土地使用税。"

选项C根据《财政部　国家税务总局关于房产税　城镇土地使用税有关问题的通知》（财税〔2009〕128号）："四、关于地下建筑用地的城镇土地使用税问题　对在城镇土地使用税征税范围内单独建造的地下建筑用地，按规定征收城镇土地使用税。其中，已取得地下土地使用权证的，按土地使用权证确认的土地面积计算应征税款；未取得地下土地使用权证或地下土地使用权证上未标明土地面积的，按地下建筑垂直投影面积计算应征税款。"

选项D根据《财政部、税务总局关于去产能和调结构房产税、城镇土地使用税政策的通知》（财税〔2018〕107号）规定："一、对按照去产能和调结构政策要求停产停业、关闭的企业，自停产停业次月起，免征房产税、城镇土地使用税。企业享受免税政策的期限累计不得超过两年……"该通知自2018年10月1日至2020年12月31日执行。

2. 下列关于环境保护税的说法，错误的是（ ）。

A. 大宁造纸厂将污水排往依法设立的污水集中处理中心，还是应缴

纳环境保护税

B. 大宁造纸厂将造纸产生的固体废弃物贮存在造纸厂周边的荒地，无须缴纳环境保护税

C. 绿地污水处理厂经批准成立，但是无论排放是否超标，都应该缴纳环境保护税

D. 康佳淀粉厂生产产生的噪声只是偶然超标，无须缴纳环境保护税

【参考答案】ABCD

【答案解析】选项 ABC 根据《中华人民共和国环境保护税法》（中华人民共和国主席令第六十一号）第四条："有下列情形之一的，不属于直接向环境排放污染物，不缴纳相应污染物的环境保护税：（一）企业事业单位和其他生产经营者向依法设立的污水集中处理、生活垃圾集中处理场所排放应税污染物的；（二）企业事业单位和其他生产经营者在符合国家和地方环境保护标准的设施、场所贮存或者处置固体废物的。"

第五条："依法设立的城乡污水集中处理、生活垃圾集中处理场所超过国家和地方规定的排放标准向环境排放应税污染物的，应当缴纳环境保护税。"

选项 D 根据《财政部　税务总局　生态环境部关于环境保护税有关问题的通知》（财税〔2018〕23 号）："四、关于应税噪声应纳税额的计算问题　应税噪声的应纳税额为超过国家规定标准分贝数对应的具体适用税额。噪声超标分贝数不是整数值的，按四舍五入取整。一个单位的同一监测点当月有多个监测数据超标的，以最高一次超标声级计算应纳税额。声源一个月内累计昼间超标不足 15 昼或者累计夜间超标不足 15 夜的，分别减半计算应纳税额。"

3. 2018 年绿叶公司关于环境保护税的做法，有误的是（　　）。

A. 公司因生产需要燃烧绿植等产生的废气中的颗粒物，按照一般性粉尘申报缴纳环境保护税

B. 公司某厂区采用委托监测的方式监测大气污染物的排放，但因技术原因，在 2018 年 7 月未取得监测数据，则可以沿用 2017 年的监测数据计算排放量

C. 公司某厂区 2018 年 7 月虽未取得监测数据，但产量少，污染物排

放量低，也可以享受环境保护税优惠

D. 在货物装卸的过程中产生并排放了大气污染物，但无法核算，就无须申报缴纳环境保护税

【参考答案】ABCD

【答案解析】根据《财政部　税务总局　生态环境部关于明确环境保护税应税污染物适用等有关问题的通知》（财税〔2018〕117号）：

“一、关于应税污染物适用问题　燃烧产生废气中的颗粒物，按照烟尘征收环境保护税。排放的扬尘、工业粉尘等颗粒物，除可以确定为烟尘、石棉尘、玻璃棉尘、炭黑尘的外，按照一般性粉尘征收环境保护税。”

“三、关于应税污染物排放量的监测计算问题……纳税人采用委托监测方式，在规定监测时限内当月无监测数据的，可以沿用最近一次的监测数据计算应税污染物排放量，但不得跨季度沿用监测数据。纳税人采用监测机构出具的监测数据申报减免环境保护税的，应当取得申报当月的监测数据；当月无监测数据的，不予减免环境保护税。”

“（三）在建筑施工、货物装卸和堆存过程中无组织排放应税大气污染物的，按照生态环境部规定的排污系数、物料衡算方法计算应税污染物排放量；不能按照生态环境部规定的排污系数、物料衡算方法计算的，按照省、自治区、直辖市生态环境主管部门规定的抽样测算的方法核定计算应税污染物排放量。”

4. 2019年小规模纳税人佳航矿山发生以下资源税涉税业务，说法不正确的是（　　）。

A. 2019年3月采取预收货款结算方式销售铁矿石一批，其纳税义务发生时间为发出铁矿石的当天

B. 2019年4月采取分期收款结算方式销售精矿一批，其纳税义务发生时间为移送使用应税产品的当天

C. 2019年5月将一批铁矿石赠与给其他企业，没有获得收入，不需要缴纳资源税

D. 该矿山从个体工商户中收购一批未税矿产品时，不需要履行代扣代缴资源税义务

【参考答案】BC

【答案解析】A 选项和 B 选项根据《中华人民共和国资源税暂行条例实施细则》（财政部令第 66 号）第十一条："条例第九条所称资源税纳税义务发生时间具体规定如下：（一）纳税人销售应税产品，其纳税义务发生时间是：1. 纳税人采取分期收款结算方式的，其纳税义务发生时间，为销售合同规定的收款日期的当天；2. 纳税人采取预收货款结算方式的，其纳税义务发生时间，为发出应税产品的当天。"

C 选项根据《国家税务总局关于发布〈资源税征收管理规程〉的公告》（国家税务总局公告 2018 年第 13 号）第十二条规定："资源税在应税产品销售或者自用环节计算缴纳。纳税人以自采原矿加工精矿产品的，在原矿移送使用时不缴纳资源税，在精矿销售或者自用时缴纳资源税。……以应税产品投资、分配、抵债、赠与、以物易物等，在应税产品所有权转移时计算缴纳资源税。"

D 选项根据《国家税务总局关于取消一批税务证明事项的决定》（国家税务总局令第 46 号）："（1）进一步加强开采地源泉控管，对已纳入开采地正常税务管理或者在销售矿产品时开具增值税发票的纳税人，实行纳税人自主申报，不采用代扣代缴的征管方式。"

5. 以下是鑫鑫淀粉厂会计的说法，错误的是（　　）。

A. 鑫鑫淀粉厂是小规模纳税人，自 2019 年 1 月 1 日起，鑫鑫淀粉厂可以享受城镇土地使用税 50% 税额幅度内的减免，但不能与之前享受的税收优惠叠加享受

B. 鑫鑫淀粉厂经批准临时占用了一块耕地，在规定的时间内恢复原状后，可以退还 50% 的已缴纳耕地占用税

C. 鑫鑫淀粉厂占用一块草地囤货，无须缴纳耕地占用税

D. 鑫鑫淀粉厂应该在实际占用耕地的 15 日内，申报缴纳耕地占用税

【参考答案】BCD

【答案解析】选项 A 根据《财政部　税务总局关于实施小微企业普惠性税收减免政策的通知》（财税〔2019〕13 号）："……三、由省、自治区、直辖市人民政府根据本地区实际情况，以及宏观调控需要确定，对增值税小规模纳税人可以在 50% 的税额幅度内减征资源税、城市维护建

设税、房产税、城镇土地使用税、印花税（不含证券交易印花税）、耕地占用税和教育费附加、地方教育附加。

四、增值税小规模纳税人已依法享受资源税、城市维护建设税、房产税、城镇土地使用税、印花税、耕地占用税、教育费附加、地方教育附加其他优惠政策的，可叠加享受本通知第三条规定的优惠政策。”

选项B、C根据《中华人民共和国耕地占用税暂行条例》（中华人民共和国国务院令第511号）第十三条：“纳税人临时占用耕地，应当依照本条例的规定缴纳耕地占用税。纳税人在批准临时占用耕地的期限内恢复所占用耕地原状的，全额退还已经缴纳的耕地占用税。”

第十四条：“占用林地、牧草地、农田水利用地、养殖水面以及渔业水域滩涂等其他农用地建房或者从事非农业建设的，比照本条例的规定征收耕地占用税。”

选项D根据《中华人民共和国耕地占用税法》（中华人民共和国主席令第十八号）第十条：“耕地占用税的纳税义务发生时间为纳税人收到自然资源主管部门办理占用耕地手续的书面通知的当日。纳税人应当自纳税义务发生之日起三十日内申报缴纳耕地占用税。”

6. 下列关于土地增值税的说法错误的是（　　）。

A. 房地产开发企业采取预收款方式销售自行开发的房地产项目的，预征计税依据应含增值税

B. 房地产开发企业将开发产品用于对外投资的，不征收土地增值税

C. 土地增值税扣除项目中“与转让房地产有关的税金”不包括教育费附加和地方教育附加

D. 营改增后，房地产开发企业转让旧房，凡不能取得评估价格的，不允许扣除成本

【参考答案】ABCD

【答案解析】根据《国家税务总局关于营改增后土地增值税若干征管规定的公告》（国家税务总局公告2016年第70号）：

“一、关于营改增后土地增值税应税收入确认问题……为方便纳税人，简化土地增值税预征税款计算，房地产开发企业采取预收款方式销售自行开发的房地产项目的，可按照以下方法计算土地增值税预征计征

依据：土地增值税预征的计征依据 = 预收款 - 应预缴增值税税款。”

“二、关于营改增后视同销售房地产的土地增值税应税收入确认问题

纳税人将开发产品用于职工福利、奖励、对外投资、分配给股东或投资人、抵偿债务、换取其他单位和个人的非货币性资产等，发生所有权转移时应视同销售房地产，其收入应按照《国家税务总局关于房地产开发企业土地增值税清算管理有关问题的通知》（国税发〔2006〕187 号）第三条规定执行。”

“三、关于与转让房地产有关的税金扣除问题……（二）营改增后，房地产开发企业实际缴纳的城市维护建设税（以下简称城建税）、教育费附加，凡能够按清算项目准确计算的，允许据实扣除。凡不能按清算项目准确计算的，则按该清算项目预缴增值税时实际缴纳的城建税、教育费附加扣除。”

“六、关于旧房转让时的扣除计算问题　营改增后，纳税人转让旧房及建筑物，凡不能取得评估价格，但能提供购房发票的，《中华人民共和国土地增值税暂行条例》第六条第一、三项规定的扣除项目的金额按照下列方法计算：（一）提供的购房凭据为营改增前取得的营业税发票的，按照发票所载金额（不扣减营业税）并从购买年度起至转让年度止每年加计 5% 计算。（二）提供的购房凭据为营改增后取得的增值税普通发票的，按照发票所载价税合计金额从购买年度起至转让年度止每年加计 5% 计算。（三）提供的购房发票为营改增后取得的增值税专用发票的，按照发票所载不含增值税金额加上不允许抵扣的增值税进项税额之和，并从购买年度起至转让年度止每年加计 5% 计算。”

7. 以下关于企业所得税的说法，不正确的有（　　）。

A. 兴隆投资管理公司是一家从事股权投资的企业，其企业所得税不能核定征收

B. 大庆公司的企业所得税采用核定定额征收方式征收，则无须进行企业所得税汇算清缴

C. 红利外贸有限公司委托第三方给国外某公司支付一笔货款，应由第三方公司承担扣缴义务

D. 居民企业的年度技术转让所得不超过 500 万元的部分，免征企业

所得税；超过500万元的部分，全额征收企业所得税

【参考答案】CD

【答案解析】选项A根据《国家税务总局关于企业所得税核定征收有关问题的公告》（国家税务总局公告2012年第27号）："一、专门从事股权（股票）投资业务的企业，不得核定征收企业所得税。"

选项B根据《国家税务总局关于印发〈企业所得税汇算清缴管理办法〉的通知》（国税发〔2009〕79号）："……实行核定定额征收企业所得税的纳税人，不进行汇算清缴。"

选项C根据《国家税务总局关于非居民企业所得税源泉扣缴有关问题的公告》（国家税务总局公告2017年第37号）："……二、企业所得税法实施条例第一百〇四条规定的支付人自行委托代理人或指定其他第三方代为支付相关款项，或者因担保合同或法律规定等原因由第三方保证人或担保人支付相关款项的，仍由委托人、指定人或被保证人、被担保人承担扣缴义务。"

选项D根据《财政部　国家税务总局关于将国家自主创新示范区有关税收试点政策推广到全国范围实施的通知》（财税〔2015〕116号）："……二、关于技术转让所得企业所得税政策　自2015年10月1日起，全国范围内的居民企业转让5年以上非独占许可使用权取得的技术转让所得，纳入享受企业所得税优惠的技术转让所得范围。居民企业的年度技术转让所得不超过500万元的部分，免征企业所得税；超过500万元的部分，减半征收企业所得税。"

8. 某单位纳税人于2018年12月1日办理"多证合一"，并进行信息确认。2019年2月15日，该纳税人到税务机关咨询纳税信用鼓励政策。以下工作人员的回答，不正确的有（　）。

A. 很抱歉，由于您纳入纳税信用管理时间不满一年，因此2019年4月，您将不参加纳税信用评价

B. 如果您的纳税信用等级为A级，您将可以一次领取不超过半年的增值税发票

C. 如果您的纳税信用等级为B级，您将可以一次领取不超过3个月的增值税发票

D. 如果您是增值税一般纳税人，且纳税信用等级为 D 级，您可以享受取消增值税发票的认证

【参考答案】ABC

【答案解析】A 选项根据《关于纳税信用评价有关事项的公告》（国家税务总局公告〔2018〕8 号）："……一、新增下列企业参与纳税信用评价：（一）从首次在税务机关办理涉税适宜之日起不满一个评价年度的企业（以下简称新设立企业）……增设 M 级纳税信用级别，纳税信用级别由 A、B、C、D 四级变更为 A、B、M、C、D。未发生《信用管理办法》第二十条所列失信行为的下列企业适用 M 级纳税信用：（一）新设立企业……"

BC 选项根据《国家税务总局关于按照纳税信用等级对增值税发票使用实行分类管理有关事项的公告》（国家税务总局公告 2016 年第 71 号）："一、简并发票领用次数。纳税信用 A 级的纳税人可一次领取不超过 3 个月的增值税发票用量，纳税信用 B 级的纳税人可一次领取不超过 2 个月的增值税发票用量。以上两类纳税人生产经营情况发生变化，需要调整增值税发票用量，手续齐全的，按照规定即时办理。"D 选项根据《国家税务总局关于扩大小规模纳税人自行开具增值税专用发票试点范围等事项的公告》（国家税务总局公告 2019 年第 8 号）："二、扩大取消增值税发票认证的纳税人范围。将取消增值税发票认证的纳税人范围扩大至全部一般纳税人。一般纳税人取得增值税发票（包括增值税专用发票、机动车销售统一发票、收费公路通行费增值税电子普通发票，下同）后，可以自愿使用增值税发票选择确认平台查询、选择用于申报抵扣、出口退税或者代办退税的增值税发票信息。"

9. 一位纳税人打电话到某省"12366"热线咨询转让未取得房产证、也未按照规划许可证楼层数建造的住房该如何交税？下列做法不正确的有（　　）。

A. 省级"12366"热线查询知识库后发现没有该问题的解答，遂将此列为疑难问题，并于问题产生之日起 1 个工作日内制作《"12366"热线疑难问题提交单》提交至同级业务主管部门

B. 省级业务主管部门应在转办疑难问题之日起 3 个工作日内答复

"12366"热线

C. 对于省业务主管部门不能够解释和明确的疑难问题且未上报至税务总局的，省"12366"热线应在收到反馈意见后1个工作日内制作《"12366"热线疑难问题提交单》提交至北京中心

D. 北京中心对疑难问题初审后，可以答复的自省"12366"热线提交之日起1个工作日内反馈至省级"12366"热线

【参考答案】ABD

【答案解析】省级"12366"应于问题产生之日起3个工作日内制作《"12366"热线疑难问题提交单》，向相关部门进行转办。

业务主管部门应在转办疑难问题之日起5个工作日内答复"12366"热线。

北京中心对疑难问题初审后，可以答复的自省"12366"热线提交之日起5个工作日内反馈至省级"12366"热线。

10. 某房地产企业财务人员对企业开发、建造的开发产品的各项计税成本核算政策把握不准，就此咨询办税大厅前台工作人员，以下工作人员答复正确的有（ ）。

A. 土地成本，一般按占地面积法进行分配

B. 单独作为过渡性成本对象核算的公共配套设施开发成本，一般按制造成本法进行分配

C. 借款费用属于不同成本对象共同负担的，按直接成本法进行分配

D. 借款费用属于不同成本对象共同负担的，按预算造价法进行分配

【参考答案】ACD

【答案解析】根据《国家税务总局关于印发〈房地产开发经营业务企业所得税处理办法〉的通知》（国税发〔2009〕31号）第二十九条："企业开发、建造的开发产品应按制造成本法进行计量与核算。"第三十条："企业下列成本应按以下方法进行分配：（一）土地成本，一般按占地面积法进行分配。如果确需结合其他方法进行分配的，应商税务机关同意。（二）单独作为过渡性成本对象核算的公共配套设施开发成本，应按建筑面积法进行分配。（三）借款费用属于不同成本对象共同负担的，按直接成本法或按预算造价法进行分配。（四）其他成本项目的分配法由企业自

行确定。”

11. 2018年9月，某税务机关办税服务厅受理了以下事项，描述不正确的有（　　）。

A. 张某到办税服务厅办理个人所得税基础信息采集

B. 某房地产开发企业开发新楼盘，到税务机关进行不动产项目登记，提交《不动产项目情况登记表》

C. 某企业办理清算前，到税务机关进行企业所得税清算登记

D. 从事房地产开发的某公司，在取得土地使用权并获得房地产开发项目开工许可后，在规定时间内向主管税务机关报送《土地增值税项目登记表（从事房地产开发的纳税人适用）》

【参考答案】BCD

【答案解析】根据《国家税务总局办公厅关于修正部分名称带“登记”业务事项的通知》（税总办发〔2017〕89号），B选项中“不动产项目登记”修正为“不动产项目报告”，提交《不动产项目情况报告表》；C选项“企业所得税清算登记”修正为“企业所得税清算报备”；D选项《土地增值税项目登记表（从事房地产开发的纳税人适用）》修正为《土地增值税项目报告表（从事房地产开发的纳税人适用）》。

12. 某小额贷款公司经省级金融管理部门批准成立，关于该公司贷款发生的小额贷款业务，说法正确的是（　　）。

A. 取得的农户小额贷款利息收入计算应纳税所得额时，按90%计入收入总额

B. 农户小额贷款利息收入，免征增值税

C. 小额贷款是指单笔且该农户贷款余额总额在5万元（含本数）以下的贷款

D. 小额贷款公司与小微企业签订的借款协议不需要缴印花税

【参考答案】ABD

【答案解析】ABC选项根据《财政部　国家税务总局关于小额贷款公司有关税收政策的通知》（财税〔2017〕48号）：“一、对经省级金融管理部门（金融办、局等）批准成立的小额贷款公司取得的农户小额贷款利息收入，免征增值税。二、对经省级金融管理部门（金融办、局等）

批准成立的小额贷款公司取得的农户小额贷款利息收入，在计算应纳税所得额时，按90%计入收入总额。”《财政部 税务总局关于延续支持农村金融发展有关税收政策》（财税〔2017〕44号）规定，小额贷款，是指单笔且该农户贷款余额总额在10万元（含本数）以下的贷款。

D选项根据《财政部 税务总局关于支持小微企业融资有关税收政策的通知》（财税〔2017〕77号）第二条：“自2018年1月1日至2020年12月31日，对金融机构与小型企业、微型企业签订的借款合同免征印花税。”

13. 以下（ ）情形符合企业的二级分支机构不就地分摊缴纳企业所得税的规定。

A. 上年度认定为小型微利企业的，其二级分支机构不就地分摊缴纳企业所得税

B. 当年撤销的二级分支机构，自办理注销税务登记之日所属企业所得税预缴期间起，不就地分摊缴纳企业所得税

C. 新设立的二级分支机构，设立当年不就地分摊缴纳企业所得税

D. 不具有主体生产经营职能，且在当地不缴纳增值税、营业税的产品售后服务、内部研发、仓储等汇总纳税企业内部辅助性的二级分支机构

【参考答案】ABCD

【答案解析】根据《国家税务总局关于印发〈跨地区经营汇总纳税企业所得税征收管理办法〉的公告》（国家税务总局公告2012年第57号）：第五条：“以下二级分支机构不就地分摊缴纳企业所得税：（一）不具有主体生产经营职能，且在当地不缴纳增值税、营业税的产品售后服务、内部研发、仓储等汇总纳税企业内部辅助性的二级分支机构，不就地分摊缴纳企业所得税。（二）上年度认定为小型微利企业的，其二级分支机构不就地分摊缴纳企业所得税。（三）新设立的二级分支机构，设立当年不就地分摊缴纳企业所得税。（四）当年撤销的二级分支机构，自办理注销税务登记之日所属企业所得税预缴期间起，不就地分摊缴纳企业所得税。”

14. 在计算企业所得税应纳税所得额时，企业发生以下的（ ）支

出可以作为长期待摊费用，按照规定摊销的准予扣除。

A. 租入固定资产的改建支出

B. 未足额提取折旧的固定资产的改建支出

C. 固定资产的大修理支出

D. 已足额提取折旧的固定资产的改建支出

【参考答案】ACD

【答案解析】根据《企业所得税法》第十三条："在计算应纳税所得额时，企业发生的下列支出作为长期待摊费用，按照规定摊销的，准予扣除：（一）已足额提取折旧的固定资产的改建支出；（二）租入固定资产的改建支出；（三）固定资产的大修理支出；（四）其他应当作为长期待摊费用的支出。"

15. 企业应当自搬迁开始年度至次年 5 月 31 日前，向税务机关报送政策性搬迁依据、搬迁规划等相关材料，这些材料包括（　　）。

A. 搬迁可行性分析报告　　B. 政府搬迁文件或公告

C. 资产处置计划　　D. 拆迁补偿协议

【参考答案】BCD

【答案解析】根据《国家税务总局关于发布〈企业政策性搬迁所得税管理办法〉的公告》（国家税务总局公告 2012 年第 40 号）第二十二条："企业应当自搬迁开始年度，至次年 5 月 31 日前，向主管税务机关（包括迁出地和迁入地）报送政策性搬迁依据、搬迁规划等相关材料。逾期未报的，除特殊原因并经主管税务机关认可外，按非政策性搬迁处理，不得执行本办法的规定。"

第二十三条："企业应向主管税务机关报送的政策性搬迁依据、搬迁规划等相关材料，包括：（一）政府搬迁文件或公告；（二）搬迁重置总体规划；（三）拆迁补偿协议；（四）资产处置计划；（五）其他与搬迁相关的事项。"

16. 下列关于契税征收管理的说法，正确的有（　　）。

A. 纳税人张某通过拍卖获取一套商铺，被拍卖方拒绝提供销售不动产发票，张某可持人民法院的裁决书原件及相关资料办理契税纳税申报

B. 纳税人李某因房地产开发企业被税务机关列为非正常户，不能取

得销售不动产发票，因此李某无法办理契税纳税申报

C. 纳税人蒋某应当在签订购房合同之日起 10 日内，向征收机关办理申报，并在契税征收机关核定的期限内缴纳税款

D. 张三于 2016 年购买一套商品房缴纳契税并办妥按揭贷款手续，2018 年验收住房时发现质量问题退房，税务机关应当退还已纳契税

【参考答案】ACD

【答案解析】A 选项根据《国家税务总局关于契税纳税申报有关问题的公告》（国家税务总局公告 2015 年第 67 号）：“二、购买新建商品房的纳税人在办理契税纳税申报时，由于销售新建商品房的房地产开发企业已办理注销税务登记或者被税务机关列为非正常户等原因，致使纳税人不能取得销售不动产发票的，税务机关在核实有关情况后应予受理。”

B 选项根据《国家税务总局关于契税纳税申报有关问题的公告》（国家税务总局公告 2015 年第 67 号）：“二、购买新建商品房的纳税人在办理契税纳税申报时，由于销售新建商品房的房地产开发企业已办理注销税务登记或者被税务机关列为非正常户等原因，致使纳税人不能取得销售不动产发票的，税务机关在核实有关情况后应予受理。”

C 选项根据《中华人民共和国契税暂行条例》第十一条：“纳税人应当自纳税义务发生之日起 10 日内，向土地、房屋所在地的契税征收机关办理纳税申报，并在契税征收机关核定的期限内缴纳税款。”

D 选项根据《财政部　国家税务总局关于购房人办理退房有关契税问题的通知》（财税〔2011〕32 号）：“对已缴纳契税的购房单位和个人，在未办理房屋权属变更登记前退房的，退还已纳契税。”

17. 下列居民企业中，不得核定征收企业所得税的有（　　）。

A. 汇总纳税企业　　B. 上市公司

C. 小额贷款公司　　D. 保险公司

【参考答案】ABCD

【答案解析】不得核定征收企业所得税的企业包括：（1）享受《中华人民共和国企业所得税法》及其实施条例和国务院规定的一项或几项企业所得税优惠政策的企业（不包括仅享受《中华人民共和国企业所得税法》第二十六条规定免税收入优惠政策的企业）；（2）汇总纳税企业；

（3）上市公司；（4）银行、信用社、小额贷款公司、保险公司、证券公司、期货公司、信托投资公司、金融资产管理公司、融资租赁公司、担保公司、财务公司、典当公司等金融企业；（5）会计、审计、资产评估、税务、房地产估价、土地估价、工程造价、律师、价格鉴证、公证机构、基层法律服务机构、专利代理、商标代理以及其他经济鉴证类社会中介机构；（6）专门从事股权（股票）投资业务的企业；（7）国家税务总局规定的其他企业。

18. 下列关于教育费附加的说法中正确的有（　　）。

A. 海关对进口产品代征增值税的，不代征教育费附加

B. 对实行增值税期末留抵退税的纳税人，允许其从城市维护建设税、教育费附加和地方教育附加的计税（征）依据中扣除退还的增值税税额

C. 出口产品退还增值税、消费税的，同时退还已经征收的教育费附加

D. 增值税纳税人2018年第四季度应纳税额为0，其城市维护建设税、教育费附加免于零申报

【参考答案】ABD

【答案解析】A选项根据《财政部关于征收教育费附加几个具体问题的通知》（［1986］财税字第120号）第二条："凡缴纳产品税、增值税、营业税的单位和个人，都应当依照规定征收教育费附加。但海关对进口产品征收的产品税、增值税，不征收教育费附加。"以上文件明确海关对进口产品代征的增值税不征收城市维护建设税和教育费附加。

B选项根据《财政部　税务总局关于增值税期末留抵退税有关城市维护建设税　教育费附加和地方教育附加政策的通知》（财税〔2018〕80号）。

C选项根据《中华人民共和国城市维护建设税暂行条例》及其实施细则、国务院《征收教育费附加的暂行规定》及其有关规定：出口产品退还增值税的，不退还城市维护建设税和教育费附加。

D选项根据《国家税务总局关于合理简并纳税人申报缴税次数的公告》（国家税务总局公告2016年第6号）第二条的规定，随增值税、消费税附征的城市维护建设税、教育费附加免于零申报。

19. 对符合以下（　　）条件之一的，主管税务机关可要求纳税人进行土地增值税清算。

A. 房地产开发企业因资金困难直接转让土地使用权

B. 某房地产开发企业竣工验收的房地产开发项目已售出房地产建筑面积占整个项目可售建筑面积的比例在 90%

C. 某房地产开发公司 2016 年 1 月取得销售许可证，至 2019 年 2 月仍未销售完毕

D. 某房地产开发企业申请注销税务登记但未办理土地增值税清算手续

【参考答案】BCD

【答案解析】根据《国家税务总局关于印发〈土地增值税清算管理规程〉的通知》（国税发〔2009〕91 号）第十条："对符合以下条件之一的，主管税务机关可要求纳税人进行土地增值税清算：（一）已竣工验收的房地产开发项目，已转让的房地产建筑面积占整个项目可售建筑面积的比例在 85% 以上，或该比例虽未超过 85%，但剩余的可售建筑面积已经出租或自用的；（二）取得销售（预售）许可证满三年仍未销售完毕的；（三）纳税人申请注销税务登记但未办理土地增值税清算手续的。"

20. 某企业进行 2018 年度企业所得税汇算清缴后发现上一年度多预缴税款，现申请办理退税手续，需要提交的资料有（　　）。

A. 企业年度财务报表

B. 《退（抵）税申请表》

C. 多缴税费证明资料原件及复印件

D. 纳税人、扣缴义务人原完税（缴款）凭证及复印件

【参考答案】BCD

【答案解析】根据《纳税人办税指南》，依法预缴税款形成的结算退税可以向税务机关申请办理退抵税费应报送的资料有：《退（抵）税申请审批表》4 份；多缴税费证明资料原件及复印件 1 份；纳税人、扣缴义务人原完税（缴款）凭证及复印件。

三、判断题

1. 为规范办税服务的业务管理，同时强化增值税申报管理，各级税

务机关的办税服务厅应设置申报异常处理岗，主要负责异常比对结果的核实及相关处理工作。异常处理岗应设置在办税服务厅前台，与申报岗协同办理业务。（　）

【参考答案】×

【答案解析】根据《国家税务总局关于印发〈增值税纳税申报比对管理操作规程（试行）〉通知》（税总发〔2017〕124号）："三、主管税务机关应设置申报异常处理岗，主要负责异常比对结果的核实及相关处理工作。异常处理岗原则上不设置在办税服务厅前台。"

2. 所有从事生产、经营的纳税人应当依照执行的企业会计制度，分中期申报和年度申报，向主管税务机关报送财务会计报告。（　）

【参考答案】×

【答案解析】根据《纳税人办税指南》，除实行定期定额征收方式管理的纳税人外，所有从事生产、经营的纳税人应当依照执行的会计制度，按期向主管税务机关报送财务会计报告。

3. 自2015年10月1日起，全国范围内的居民企业转让5年以上非独占许可使用权取得的技术转让所得，纳入享受企业所得税优惠的技术转让所得范围。居民企业的年度技术转让所得不超过50万元的部分，免征企业所得税；超过50万元的部分，减半征收企业所得税。（　）

【参考答案】×

【答案解析】自2015年10月1日起，全国范围内的居民企业转让5年（含，下同）以上非独占许可使用权取得的技术转让所得，纳入享受企业所得税优惠的技术转让所得范围。居民企业的年度技术转让所得不超过500万元的部分，免征企业所得税；超过500万元的部分，减半征收企业所得税。

4. 某高校老师从职务科技成果转化收入中获得10万元现金奖励，可减按50%计入科技人员当月"工资、薪金所得"，依法缴纳个人所得税。（　）

【参考答案】√

【答案解析】根据《财政部　税务总局　科技部关于科技人员取得职务科技成果转化现金奖励有关个人所得税政策的通知》（财税〔2018〕58

号)："一、依法批准设立的非营利性研究开发机构和高等学校（以下简称非营利性科研机构和高校）根据《中华人民共和国促进科技成果转化法》规定，从职务科技成果转化收入中给予科技人员的现金奖励，可减按50%计入科技人员当月'工资、薪金所得'，依法缴纳个人所得税。"

5. 跨省异地施工单位应就其所支付的工程作业人员工资、薪金所得，向机构所在地税务机关办理全员全额扣缴明细申报。（ ）

【参考答案】×

【答案解析】根据《国家税务总局关于建筑安装业跨省异地工程作业人员个人所得税征收管理问题的公告》（国家税务总局公告2015年第52号)："二、跨省异地施工单位应就其所支付的工程作业人员工资、薪金所得，向工程作业所在地税务机关办理全员全额扣缴明细申报。凡实行全员全额扣缴明细申报的，工程作业所在地税务机关不得核定征收个人所得税。"

6. 被投资企业的土地使用权、房屋、房地产企业未销售房产、知识产权、探矿权、采矿权、股权等资产占企业总资产比例超过25%的，主管税务机关可参照纳税人提供的具有法定资质的中介机构出具的资产评估报告核定股权转让收入。（ ）

【参考答案】×

【答案解析】被投资企业的土地使用权、房屋、房地产企业未销售房产、知识产权、探矿权、采矿权、股权等资产占企业总资产比例超过20%的，主管税务机关可参照纳税人提供的具有法定资质的中介机构出具的资产评估报告核定股权转让收入。

7. 一般纳税人注销或被取消辅导期一般纳税人资格，转为小规模纳税人时，存货进项税额转出处理，留抵税额申请退税。（ ）

【参考答案】×

【答案解析】根据《财政部 国家税务总局关于增值税若干政策的通知》（财税〔2005〕165号)："六、一般纳税人注销时存货及留抵税额处理问题 一般纳税人注销或被取消辅导期一般纳税人资格，转为小规模纳税人时，其存货不作进项税额转出处理，其留抵税额也不予以退税。"

8. 源源饮料制造企业2018年销售（营业）收入1 000万元，其发生的广告费和业务宣传费支出400万元，企业所得税汇算清缴时可以按照300万元进行扣除，剩余100万元允许结转以后纳税年度。（　）

【参考答案】√

【答案解析】根据《财政部、国家税务总局关于广告费和业务宣传费支出税前扣除政策的通知》（财税〔2017〕41号）："自2016年1月1日起至2020年12月31日期间，对化妆品制造或销售、医药制造和饮料制造（不含酒类制造）企业发生的广告费和业务宣传费支出，不超过当年销售（营业）收入30%的部分，准予扣除；超过部分，准予在以后纳税年度结转扣除。"

9. 一般纳税人甲企业2018年销售额400万元，2019年1月该纳税人申请转登记为小规模纳税人，税务机关应受理其申请。2019年5月该纳税人年销售额为500万元被认定为一般纳税人，该纳税人可以再次申请转登记为小规模纳税人。（　）

【参考答案】×

【答案解析】根据《国家税务总局关于小规模纳税人免征增值税政策有关征管问题的公告》（国家税务总局公告2019年第4号）："转登记日前连续12个月（以1个月为1个纳税期）或者连续4个季度（以1个季度为1个纳税期）累计销售额未超过500万元的一般纳税人，在2019年12月31日前，可选择转登记为小规模纳税人。"根据附件《国家税务总局（政策解读）二》："五、一般纳税人转登记问题……公告明确一般纳税人如果年销售额不超过500万元的，可在2019年度选择转登记为小规模纳税人，转登记后可享受免税政策。需要注意的是，曾在2018年选择过转登记的纳税人，在2019年仍可选择转登记；但是，2019年选择转登记的，再次登记为一般纳税人后，不得再转登记为小规模纳税人。"

10. 2019年1月纳税人丙企业转登记为小规模纳税人，其尚未申报抵扣的进项税额，以及转登记日当期的期末留抵税额暂挂账处理，统一计入"应交税费——待抵扣进项税额"科目中核算。（　）

【参考答案】√

【答案解析】根据《国家税务总局关于统一小规模纳税人标准等若干

增值税问题的公告》（国家税务总局公告 2018 年第 18 号）第四条："转登记纳税人尚未申报抵扣的进项税额，以及转登记日当期的期末留抵税额，暂挂账处理，统一计入'应交税费——待抵扣进项税额'科目中核算。"

11. 纳税人张某转让商铺，因保存不善，丢失了购买商铺时取得的不动产发票，张某可以提供契税票作为差额缴纳增值税的凭证。（ ）

【参考答案】√

【答案解析】根据《国家税务总局关于纳税人转让不动产缴纳增值税差额扣除有关问题的公告》（国家税务总局公告 2016 年第 73 号）："一、纳税人转让不动产，按照有关规定差额缴纳增值税的，如因丢失等原因无法提供取得不动产时的发票，可向税务机关提供其他能证明契税计税金额的完税凭证等资料，进行差额扣除。""三、纳税人同时保留取得不动产时的发票和其他能证明契税计税金额的完税凭证等资料的，应当凭发票进行差额扣除。"

12. 鸿达客运站使用的划拨土地转为出让土地，该客运站应向国土部门补缴土地出让金 100 万元，国土部门减按 80 万元征收。税务机关应就 80 万元土地出让金征收契税。（ ）

【参考答案】×

【答案解析】根据《中华人民共和国契税暂行条例》及其细则的有关规定，对承受国有土地使用权所应支付的土地出让金，要计征契税。不得因减免土地出让金而减免契税。

13. 企业因与职工解除劳动关系而支付给职工的一次性补偿金，可以作为企业所得税前计提职工福利费、工会经费、教育经费的基数。（ ）

【参考答案】×

【答案解析】根据《中华人民共和国企业所得税法》及其实施条例的规定，工资薪金，是指企业每一纳税年度支付给在本企业任职或者受雇的员工的所有现金形式或者非现金形式的劳动报酬，包括基本工资、奖金、津贴、补贴、年终加薪、加班工资，以及与员工任职或者受雇有关的其他支出。此工资薪金总额的口径与 1990 年国家统计局第 1 号令《关于职工工资总额组成的规定》口径一致，不包括因与职工解除劳动关系而支付给职工的一次性补偿金。因此，企业因与职工解除劳动关系而支付给职工的一次性补偿金不属于税法规定的工资薪金的范畴，不得作为企业所得税税前计提职工福利费、工会经费、教育经费的基数。

14. 某商贸企业有自用办公楼一栋，负一层为地下停车场，该企业计算房产原值时应包含地下停车场。（　　）

【参考答案】√

【答案解析】根据《财政部　国家税务总局关于具备房屋功能的地下建筑征收房产税的通知》（财税〔2005〕181号）：“二、自用的地下建筑，按以下方式计税……3. 对于与地上房屋相连的地下建筑，如房屋的地下室、地下停车场、商场的地下部分等，应将地下部分与地上房屋视为一个整体，按照地上房屋建筑的有关规定计算征收房产税。”

15. 房屋中介公司经营房屋出租业务，与出租方和承租方签订三方协议，中介公司要缴纳财产租赁合同的印花税。（　　）

【参考答案】×

【答案解析】根据《印花税暂行条例施行细则》第十五条：“条例第八条所说的当事人是指对凭证有直接权利义务关系的单位和个人，不包括保人、证人、鉴定人……”

16. 2019年1月5日税务机关根据税收法律，要求甲企业就2017年度的预约定价安排做出特别纳税调整，并补征税款100万元，则该企业需要从2018年的6月1日起到补缴税款之日止的期间按日加收利息。（　　）

【参考答案】√

【答案解析】根据《中华人民共和国企业所得税法实施条例》（国务院令第512号）第一百二十一条：“税务机关根据税收法律、行政法规的规定，对企业作出特别纳税调整的，应当对补征的税款，自税款所属纳税年度的次年6月1日起至补缴税款之日止的期间，按日加收利息。”

17. A小规模纳税人2019年1月销售货物4万元，提供服务3万元，销售不动产10万元，该纳税人销售货物和服务相对应的销售额7万元可以享受小规模纳税人免税政策。（　　）

【参考答案】√

【答案解析】根据《国家税务总局关于小规模纳税人免征增值税政策

有关征管问题的公告》(国家税务总局公告 2019 年第 4 号):“一、小规模纳税人发生增值税应税销售行为，合计月销售额未超过 10 万元（以 1 个季度为 1 个纳税期的，季度销售额未超过 30 万元，下同）的，免征增值税。小规模纳税人发生增值税应税销售行为，合计月销售额超过 10 万元，但扣除本期发生的销售不动产的销售额后未超过 10 万元的，其销售货物、劳务、服务、无形资产取得的销售额免征增值税。”

18. A 企业是按季申报纳税的小规模纳税人，其 2019 年 2 月 1 日转让一间商铺，取得销售收入 30 万元，则该企业不需要在不动产所在地预缴增值税。（ ）

【参考答案】√

【答案解析】根据《国家税务总局关于小规模纳税人免征增值税政策有关征管问题的公告》(国家税务总局公告 2019 年第 4 号):“三、按固定期限纳税的小规模纳税人可以选择以 1 个月或 1 个季度为纳税期限，一经选择，一个会计年度内不得变更……六、按照现行规定应当预缴增值税税款的小规模纳税人，凡在预缴地实现的月销售额未超过 10 万元的(按季纳税，销售不动产销售额未超过季度销售额 30 万元的免税标准的)，当期无须预缴税款。本公告下发前已预缴税款的，可以向预缴地主管税务机关申请退还。”

19. 2019 年 2 月增值税一般纳税人甲企业按规定转登记为小规模纳税人，其城建税、教育费附加和地方教育附加应从 4 月其适应减征优惠。（ ）

【参考答案】×

【答案解析】根据《国家税务总局关于增值税小规模纳税人地方税种和相关附加减征政策有关征管问题的公告》（国家税务总局公告 2019 年第 5 号):“二、关于纳税人类别变化时减征政策适用时间的确定缴纳资源税、城市维护建设税、房产税、城镇土地使用税、印花税、耕地占用税、教育费附加和地方教育附加的增值税一般纳税人按规定转登记为小规模纳税人的，自成为小规模纳税人的当月起适用减征优惠。”

20. 某小型微利企业甲 2019 年第一季度应纳税所得额为 100 万元，在预缴企业所得税时应缴纳企业所得税 5（万元)。（ ）

【参考答案】√

【答案解析】根据《国家税务总局关于实施小型微利企业普惠性所得税减免政策有关问题的公告》（国家税务总局公告2019年第2号）："一、自2019年1月1日至2021年12月31日，对小型微利企业年应纳税所得额不超过100万元的部分，减按25%计入应纳税所得额，按20%的税率缴纳企业所得税；对年应纳税所得额超过100万元但不超过300万元的部分，减按50%计入应纳税所得额，按20%的税率缴纳企业所得税。"该小型微利企业应缴企业所得税＝100×25%×20%＝5万元。

四、综合题

（一）

凤凰有限责任公司2018年5月发生以下业务：（1）采购材料合同一份，价款121 100元；（2）材料运输合同一份，运费金额180元，装卸费50元；（3）租赁机械设备合同一份，使用1天，租金总额是400元；（4）受托为其他公司做技术开发，签订技术开发合同一份，合同约定：技术开发金额共计1 000万元，其中研究开发费用与报酬金额之比为3∶1；（5）启用新的资金账簿1本，增加实收资本1 000万元，启用其他账簿6本。上述合同金额均为不含增值税金额。

1. 该公司采购合同需要缴纳印花税（　　）元。

A. 36.33　　B. 36.30

C. 60.55　　D. 60.6

【参考答案】B

【答案解析】根据《中华人民共和国印花税暂行条例》（国务院令第11号），应纳税额在一角以上的，其税额尾数不满五分的不计，满五分的按一角计算缴纳。对财产租赁合同的应纳税额不足一元的，按照一元贴花。购销合同应纳印花税额＝121 100×0.3‰＝36.33（元）（按36.30元贴花）。

2. 该公司运输合同需要缴纳印花税（　　）元。

A. 0　　B. 0.09

C. 0.1　　D. 0.05

【参考答案】A

【答案解析】根据《中华人民共和国印花税暂行条例》（国务院令第11号），应纳税额不足一角的，免纳印花税。运输合同的计税依据为取得的运费，不含货物金额、装卸费等。运输合同应纳的印花税额 = 180 × 0.5‰ = 0.09（元）（免纳印花税）。

3. 该公司设备租赁合同需要缴纳印花税（　　）元。

A. 0　　B. 0.4

C. 0.2　　D. 1

【参考答案】D

【答案解析】根据《中华人民共和国印花税暂行条例》（国务院令第11号），对财产租赁合同的应纳税额不足一元的，按照一元贴花。设备租赁合同应纳的印花税 = 400 × 1‰ = 0.4（元）（按1元贴花）。

4. 该公司门签订技术开发合同需要缴纳印花税（　　）元。

A. 750　　B. 3 000

C. 5 400　　D. 6 000

【参考答案】A

【答案解析】根据《国家税务局关于对技术合同征收印花税问题的通知》（〔1989〕国税地字第34号）："四、关于计税依据问题　对各类技术合同，应当按合同所载价款、报酬、使用费的金额依率计税。

为鼓励技术研究开发，对技术开发合同，只就合同所载的报酬金额计税，研究开发经费不作为计税依据。但对合同约定按研究开发经费一定比例作为报酬的，应按一定比例的报酬金额计税贴花。"

应缴纳的印花税 = 10 000 000 ÷ 4 × 0.3‰ = 750（元）。

5. 该公司启用7本账簿需要缴纳印花税（　　）元。

A. 2 530　　B. 2 500

C. 5 000　　D. 5 030

【参考答案】B

【答案解析】根据《财政部　税务总局关于对营业账簿减免印花税的通知》（财税〔2018〕50号），自2018年5月1日起，将对纳税人设立的资金账簿按实收资本和资本公积合计金额征收的印花税减半。其他账簿免征印花税。

应缴纳的印花税 = 10 000 000 × 0.5‰ × 50% + 6 × 0 = 2 500（元）。

（二）

甲公司（非房地产开发企业）为增值税一般纳税人，2019 年 1 月转让一栋 2012 年自建的办公楼，取得含税收入 9 000 万元，已按规定缴纳转让环节的有关税金，并取得完税凭证。

该办公楼造价为 800 万元，其中包含为取得土地使用权支付的地价款 300 万元，契税 9 万元以及按国家统一缴纳的其他有关费用 1 万元。

经房地产评估机构评定，该办公楼重新构建价格为 5 000 万元，成新度折扣率为五成，支付房地产评估费用 10 万元，该公司的评估价格已经税务机关认定。

甲公司对于转让“营改增”之前自建的办公楼选择“简易征收”方式；转让该办公楼缴纳的印花税税额为 4.5 万元。

甲公司适用的城建税税率为 7%，教育费附加征收比率为 3%。根据以上资料，回答下列问题，并填写此业务的申报表。

1. 该公司转让办公楼应纳增值税（　　）万元。

A. 414.33　　B. 413.38

C. 390.48　　D. 428.57

【参考答案】D

【答案解析】根据《国家税务总局关于发布〈纳税人转让不动产增值税征收管理暂行办法〉的公告》（国家税务总局公告 2016 年第 14 号）：“（二）一般纳税人转让其 2016 年 4 月 30 日前自建的不动产，可以选择适用简易计税方法计税，以取得的全部价款和价外费用为销售额，按照 5% 的征收率计算应纳税额。纳税人应按照上述计税方法向不动产所在地主管税务机关预缴税款，向机构所在地主管税务机关申报纳税。”该公司转让办公楼应纳增值税 = 9 000 ÷（1 + 5%）× 5% = 428.57（万元）。

2. 在计算土地增值税时，可扣除转让环节税金（　　）万元。

A. 51.43　　B. 54.11

C. 55.93　　D. 47.36

【参考答案】D

【答案解析】根据《中华人民共和国土地增值税暂行条例实施细则》(财法字〔1995〕6号)第七条第五款："与转让房地产有关的税金，是指在转让房地产时缴纳的营业税、城市维护建设税、印花税。因转让房地产交纳的教育费附加，也视同税金予以扣除。"营改增后与转让房地产有关的税金，是指在转让房地产时缴纳的城市维护建设税、教育费附加、印花税。

可扣除转让环节税金=428.57×(7%+3%)+4.5=47.357(万元)。

3. 在计算土地增值税时，可扣除项目金额合计(　　)万元。

A. 2 866.93　　B. 2 874.93

C. 2 867.36　　D. 2 875.93

【参考答案】C

【答案解析】①为取得土地使用权所支付的金额=300+9+1=310(万元)；②评估价格=5 000×50%=2 500(万元)；③支付房地产评估10万元，可以扣除；④可扣除转让环节税金=47.357(万元)。可扣除项目金额合计=310+2 500+10+47.357=2 867.357(万元)。

4. 甲公司应纳土地增值税(　　)万元。

A. 2 417.01　　B. 2 419.27

C. 2 421.93　　D. 2 678.31

【参考答案】C

【答案解析】不含增值税收入=9 000-428.57=8 571.43(万元)

增值额=8 571.43-2 867.36=5 704.07(万元)

增值率=5 704.07÷2 867.36×100%=198.93%，适用税率为50%，速算扣除系数为15%。

应纳土地增值税=5 704.07×50%-2 867.36×15%=2 421.93(万元)

5. 需要对房地产进行评估，并以评估价格确定转让房地产收入，扣除项目金额的有(　　)。

A. 房地产开发企业出售新建商品房

B. 隐瞒、虚报房地产成交价格的

C. 提供扣除项目金额不实的

D. 转让房地产的成交价格低于房地产评估价格，又无正当理由的

【参考答案】BCD

【答案解析】根据《中华人民共和国土地增值税暂行条例》(国务院令第138号第九条)，纳税人有下列情形之一的，按照房地产评估价格计算征收：“（一）隐瞒、虚报房地产成交价格的；（二）提供扣除项目金额不实的；（三）转让房地产的成交价格低于房地产评估价格，又无正当理由的。”

（三）

甲公司接受税务师事务所纳税审查，关于2018年房产和土地的使用情况如下：

（1）2018年初实际占地面积共为30 000平方米，其中公司子弟学校面积2 000平方米，医院占地1 000平方米。

（2）办公楼账面原值550万元，5月初改建办公楼，为改建支付费用120万元，加装中央空调支付75万元，该中央空调单独作为固定资产入账，5月底完成改建工程交付使用。

（3）6月30日，以原值为1 200万元的厂房向乙企业投资，协议规定，甲公司每月向乙企业收取固定收入（含税）22万元，乙企业的经营盈亏情况与甲公司无关。当年收益132万元。

土地增值税纳税申报表（三）

（非从事房地产开发的纳税人适用）

税款所属时间：2019年01月01日至2019年01月31日　填表日期：2019年1月27日

金额单位：元至角分；面积单位：平方米

纳税人识别号	9	1	*	*	*	*	*	*	*	*	*	*	*	*	*	*	*	*	*	*

纳税人名称	A公司	项目名称	转让房产名称	项目地址	**市园湖路**号		
所属行业	其他商业服务业	登记注册类型	其他有限责任公司	纳税人地址	*****	邮政编码	530000
开户银行	****	银行账号	*****	主管部门	*****	电话	*****

项　目	行次	金额（元）
一、转让房地产收入总额　1=2+3+4	1	85 714 300

续表

项目			行次	金额（元）
其中	货币收入		2	85 714 300
	实物收入		3	
	其他收入		4	
二、扣除项目金额合计 （1）5 = 6 + 7 + 10 + 15 （2）5 = 11 + 12 + 14 + 15			5	28 673 570
（1）提供评估价格	1. 取得土地使用权所支付的金额		6	3 100 000
	2. 旧房及建筑物的评估价格 7 = 8 × 9		7	25 000 000
	其中	旧房及建筑物的重置成本价	8	50 000 000
		成新度折扣率	9	0.5
	3. 评估费用		10	100 000
（2）提供购房发票	1. 购房发票金额		11	
	2. 发票加计扣除金额 12 = 11 × 5% × 13		12	
	其中：房产实际持有年数		13	
	3. 购房契税		14	
4. 与转让房地产有关的税金等 15 = 16 + 17 + 18 + 19			15	473 570
其中	营业税		16	
	城市维护建设税		17	299 999
	印花税		18	45 000
	教育费附加		19	128 571
三、增值额 20 = 1 − 5			20	57 040 700
四、增值额与扣除项目金额之比（%）21 = 20 ÷ 5			21	198.93%
五、适用税率（%）			22	0.50
六、速算扣除系数（%）			23	0.15
七、应缴土地增值税税额 24 = 20 × 22 − 5 × 23			24	24 219 400
八、减免税额（减免性质代码：　　）			25	
九、已缴土地增值税税额			26	0
十、应补（退）土地增值税税额 27 = 24 − 25 − 26			27	24 219 400

续表

<table>
<tr><td>授权代理人</td><td colspan="3">（如果你已委托代理申报人，请填写下列资料）
为代理一切税务事宜，现授权______（地址）______为本纳税人的代理申报人，任何与本报表有关的来往文件都可寄与此人。
授权人签字：______</td><td>纳税人声明</td><td colspan="4">此纳税申报表是根据《中华人民共和国土地增值税暂行条例》及其《实施细则》的规定填报的，是真实的、可靠的、完整的。
声明人签字：张某某</td></tr>
<tr><td>纳税人公章</td><td></td><td>法人代表签章</td><td>张某某</td><td colspan="2">经办人员（代理申报人）签章</td><td>王某某</td><td>备注</td><td></td></tr>
</table>

（以下部分由主管税务机关负责填写）

<table>
<tr><td colspan="2">主管税务机关收到日期</td><td></td><td>接收人</td><td></td><td>审核日期</td><td></td><td>税务审核人员签章</td><td></td></tr>
<tr><td rowspan="2">审核记录</td><td colspan="6" rowspan="2"></td><td></td><td></td></tr>
<tr><td>主管税务机关盖章</td><td></td></tr>
</table>

（4）6 月底经批准新占用基本农田 20 000 平方米用于扩大生产经营。

（5）当年 1 月 1 日经批准开山填海整治取得的土地 10 000 平方米。

（该省规定，公司所在地城镇土地使用税单位税额每平方米 3 元，耕地单位税额为每平方米 25 元，计算房产税时按原值的 30% 作为扣除额，不动产出租采用一般计税方法。）

根据上述资料，回答下列问题：

1. 甲公司 2018 年应纳的城镇土地使用税为（　　）万元。

A. 8.1　　B. 7.7

C. 9.2　　D. 8.7

【参考答案】A

【答案解析】公司内部子弟学校、医院占地面积不缴纳城镇土地使用税，新征用的满一年时开始征收土地使用税，所以 6 月底新占用年不征土地使用税。经批准开山填海整治的土地和改造的废弃土地，从使用的月份起免缴土地使用税 5 年至 10 年，所以，甲公司经批准开山填海整治土地本年不征土地使用税。

应纳土地使用税 =（30 000 − 2 000 − 1 000）×3 = 81 000（元）=

8.1（万元）

2. 甲公司办公楼应纳房产税（　　）万元。

A. 4.6　　B. 5.72

C. 5.58　　D. 4.24

【参考答案】C

【答案解析】根据《国家税务总局关于进一步明确房屋附属设备和配套设施计征房产税有关问题的通知》（国税发〔2005〕173号）："一、为了维持和增加房屋的使用功能或使房屋满足设计要求，凡以房屋为载体，不可随意移动的附属设备和配套设施，如给排水、采暖、消防、中央空调、电气及智能化楼宇设备等，无论在会计核算中是否单独记账与核算，都应计入房产原值，计征房产税。"

应纳房产税 $=550\times(1-30\%)\times1.2\%\times5\div12+(550+120+75)\times(1-30\%)\times1.2\%\times7\div12=5.58$（万元）。

3. 甲公司除办公楼外应纳房产税（　　）万元。

A. 0　　B. 2.28

C. 19.44　　D. 14.4

【参考答案】C

【答案解析】根据《国家税务总局关于安徽省若干房产税业务问题的批复》（国税函发〔1993〕368号）第一条："对于投资联营的房产，应根据投资联营的具体情况，在计征房产税时予以区别对待。对于以房产投资联营，投资者参与投资利润分红，共担风险的情况，不承担联营风险的情况，实行上是以联营名义取得房产的租金，应根据《中华人民共和国房产税暂行条例》的有关规定由出租方按租金收入计缴房产税。"未出租前，应从价计算房产税。应纳房产税 $=1\ 200\times(1-30\%)\times1.2\%\times6\div12+132\div(1+10\%)\times12\%=19.44$（万元）。

4. 甲公司2018年应纳耕地占用税为（　　）万元。

A. 25　　B. 50

C. 75　　D. 105

【参考答案】C

【答案解析】根据《中华人民共和国耕地占用税暂行条例》（中华人民

共和国国务院令第511号）第七条：“占用基本农田的，适用税额应当在本条例第五条第三款、第六条规定的当地适用税额的基础上提高50%。”应纳耕地占用税=20 000×25×(1+50%)=750 000（元）=75（万元）。

5. 甲公司的房产信息发生变更，申报时不需报送的资料有（　　）。

A.《房产税纳税申报表》

B.《从价计征房产税税源明细表》

C.《从租计征房产税税源明细表》

D. 收入证明

【参考答案】D

【答案解析】根据《纳税人办税指南》，首次申报或房产、土地信息发生变更时，应报送《房产税纳税申报表》《从价计征房产税税源明细表》《从租计征房产税税源明细表》、房屋产权证、土地使用权证或购房合同、发票等证明房地产权属的材料、房屋租赁合同。

（四）

某市区的A企业，占地10万平方米，房产原值1 875万元，2016年3月14日取得高新技术企业证书。2018年取得主营业务收入4 800万元，其中含销售写字楼收入1 300万元；其他业务收入800万元，视同销售收入50万元；营业外收入48万元；投资收益90万元；发生主营业务成本2 800万元，含开发销售写字楼的相关成本；其他业务成本400万元；营业外支出180万元（含2018年10月发生重大质量事故赔付50万元）；税金及附加400万元（不含房产税和城镇土地使用税以及销售写字楼的土地增值税）；管理费用400万元；销售费用1 000万元；财务费用150万元。

（1）业务招待费支出40万元。

（2）向个人借款利息支出60万元，包含写字楼开发费用中的利息支出为30万元，利率超过同期同类银行贷款利率1倍。

（3）广告费支出850万元。

（4）资产减值准备金支出100万元，未经过核定。

（5）工资薪金总额1 000万元，工会经费25万元，职工福利费150万元，职工教育经费70万元。

（6）投资收益中，国债利息收入 50 万元，投资于上市公司取得股息 40 万元，该股票持有 5 个月时卖出。

（7）通过教育部门捐赠 80 万元，用于小学图书馆建设；非广告性质赞助支出 20 万元。

其他资料：2014 年、2015 年、2016 年、2017 年待弥补亏损分别是 140 万元、240 万元、0 万元、10 万元。

（8）利用厂区空地建造写字楼，具体业务如下，收入支出等归集入相关会计科目：

按照国家有关规定补交土地出让金 400 万元，缴纳相关税费 16 万元；写字楼开发成本 300 万元，其中装修费用 50 万元；写字楼开发费用中的利息支出为 30 万元（不能提供金融机构证明）；写字楼竣工验收，签订销售合同，取得销售收入 650 万元（其他相关资料：该企业按《中华人民共和国土地增值税暂行条例》规定的高限计算扣除房地产开发费用。）

已知：本年预缴企业所得税 5 万元，房产税减除标准 20%，城镇土地使用税单位税额 4 元，均未计入税金及附加中，以上价格均不含增值税。

根据以上资料，按下列顺序回答问题，如有计算需计算合计数，并填列企业所得税年度申报表（A 类）主表。

A100000　　中华人民共和国企业所得税年度纳税申报表（A 类）

行次	类别	项　目	金　额
1	利润总额计算	一、营业收入（填写 A101010 \ 101020 \ 103000）	
2		减：营业成本（填写 A102010 \ 102020 \ 103000）	
3		营业税金及附加	
4		销售费用（填写 A104000）	
5		管理费用（填写 A104000）	
6		财务费用（填写 A104000）	
7		资产减值损失	
8		加：公允价值变动收益	
9		投资收益	
10		二、营业利润（1－2－3－4－5－6－7＋8＋9）	
11		加：营业外收入（填写 A101010 \ 101020 \ 103000）	
12		减：营业外支出（填写 A102010 \ 102020 \ 103000）	
13		三、利润总额（10＋11－12）	

续表

行次	类别	项　　目	金　　额
14	应纳税所得额计算	减：境外所得（填写 A108010）	
15		加：纳税调整增加额（填写 A105000）	
16		减：纳税调整减少额（填写 A105000）	
17		减：免税、减计收入及加计扣除（填写 A107010）	
18		加：境外应税所得抵减境内亏损（填写 A108000）	
19		四、纳税调整后所得（13－14＋15－16－17＋18）	
20		减：所得减免（填写 A107020）	
21		减：抵扣应纳税所得额（填写 A107030）	
22		减：弥补以前年度亏损（填写 A106000）	
23		五、应纳税所得额（19－20－21－22）	
24	应纳税额计算	税率（25%）	
25		六、应纳所得税额（23×24）	
26		减：减免所得税额（填写 A107040）	
27		减：抵免所得税额（填写 A107050）	
28		七、应纳税额（25－26－27）	
29		加：境外所得应纳所得税额（填写 A108000）	
30		减：境外所得抵免所得税额（填写 A108000）	
31	应纳税额计算	八、实际应纳所得税额（28＋29－30）	
32		减：本年累计实际已预缴的所得税额	
33		九、本年应补（退）所得税额（31－32）	
34		其中：总机构分摊本年应补（退）所得税额（填写 A109000）	
35		财政集中分配本年应补（退）所得税额（填写 A109000）	
36		总机构主体生产经营部门分摊本年应补（退）所得税额（填写 A109000）	
37	附列资料	以前年度多缴的所得税额在本年抵减额	
38		以前年度应缴未缴在本年入库所得税额	

1．企业所得税税前可以扣除的业务招待费为（　　）万元。

A．24　　B．28

C. 22　　D. 20

【参考答案】A

【答案解析】业务招待费的扣除限额 =（4 800 + 800 + 50）×0.5% = 28.25（万元），发生额的60% =40 ×60% =24（万元），限额28.25 万元与发生额的60%的24 万元比较取其小，所以税前允许扣除的业务招待费是24 万元。

2. 企业所得税税前可以扣除的广告费为（　　）万元。

A. 850　　B. 847.5

C. 840　　D. 800

【参考答案】B

【答案解析】根据《中华人民共和国企业所得税法实施条例》（中华人民共和国国务院令第512 号）第四十四条："企业发生的符合条件的广告费和业务宣传费支出，除国务院财政、税务主管部门另有规定外，不超过当年销售（营业）收入15%的部分，准予扣除；超过部分，准予在以后纳税年度结转扣除。"广告费的扣除限额 =（4 800 + 800 + 50）×15% =847.5（万元），实际发生了850 万元，两者比较取其小，所以税前只能扣除847.5 万元。

3. 三项经费应调整的应纳税所得额为（　　）万元。

A. 20　　B. 16

C. 15　　D. 21

【参考答案】C

【答案解析】根据《企业所得税实施条例》第四十条："企业发生的职工福利费支出，不超过工资、薪金总额14%的部分，准予扣除。"第四十一条："企业拨缴的工会经费，不超过工资、薪金总额2%的部分，准予扣除。"

根据《财政部　税务总局关于企业职工教育经费税前扣除政策的通知》（财税〔2018〕51 号）："一、企业发生的职工教育经费支出，不超过工资薪金总额8%的部分，准予在计算企业所得税应纳税所得额时扣除；超过部分，准予在以后纳税年度结转扣除。"

职工福利费扣除的限额 =1 000 ×14% =140（万元），实际发生150

万元，需要调整应纳税所得额10万元；

职工教育经费扣除限额＝1 000×8%＝80（万元），实际发生70万元，实际发生额小于扣除限额，无须调整；

工会经费扣除限额＝1 000×2%＝20（万元），实际发生25万元，需要纳税调增5万元。三项经费需要调整的应纳税所得额＝10＋5＝15（万元）。

4. 该企业应缴纳的房产税和城镇土地使用税之和为（　　）万元。

A. 58　　B. 40

C. 23　　D. 63

【参考答案】A

【答案解析】应缴纳的房产税＝1 875×（1－20%）×1.2%＝18（万元），应缴纳的城镇土地使用税＝10×4＝40（万元），应缴纳的城镇土地使用税和房产税合计＝40＋18＝58（万元）。

5. 企业计算土地增值税时应扣除的开发费用的金额为（　　）万元。

A. 41.6　　B. 71.6

C. 101.6　　D. 65.8

【参考答案】B

【答案解析】应扣除的土地使用权扣除额＝（400＋16）＝416（万元）。

应扣除的开发费用扣除额＝（土地使用权＋开发成本）×10%＝（416＋300）×10%＝71.6（万元）

6. 企业计算土地增值税时应扣除的有关税金为（　　）万元。

A. 36.08　　B. 35.75

C. 36.12　　D. 34.75

【参考答案】A

【答案解析】当题目中出现“合同”字样，就要考虑印花税，应扣除的相关税金＝650×5%×（1＋7%＋3%）＋650×0.5‰＝35.75＋0.33＝36.08（万元）

7. 企业应缴纳的土地增值税为（　　）万元。

A. 150.62　　B. 142.90

C. 149.34　　D. 141.78

【参考答案】C

【答案解析】应扣除的费用总额 =416 +300 +71.6 +36.08 =823.68（万元）

增值额与扣除项目金额的比率 =（1 300 -823.68）÷823.68 ×100% =57.83%

适用40%的税率，速算扣除系数5%。

应纳土地增值税额 =476.32 ×40% -823.68 ×5% =149.34（万元）

8. 企业应缴纳的企业所得税为（　　）万元。

A. 4.56　　B. 8.08

C. 5.26　　D. 4.85

【参考答案】B

【答案解析】会计利润 =4 800 +800 +50 +48 +90 -2 800 -400 -180 -400 -400 -1 000 -150 -58（房产税和土地使用税）-149.35（土地增值税）=250.65（万元）。

捐赠的限额 =250.65 ×12% =30.08（万元），实际发生了80万元，需要纳税调增应纳税所得额49.92万元。发生的非广告性赞助支出不允许税前扣除，需要纳税调增应纳税所得额20万元。

弥补亏损前的应纳税所得额 =250.65（会计利润）+4.25（业务招待费调增）+30（利息调增）+2.5（广告宣传调增）+100（减值调增）+15（“三费”调增）-50（国债利息调减）+49.92（捐赠调增）+20（非广告调增）=422.32（万元）。

弥补亏损后的应纳税所得额 =422.32 -140 -240 -10 =32.32（万元）。

应缴纳企业所得税 =32.32 ×25% =8.08（万元）。

根据《科技部　财政部　国家税务总局关于修订印发〈高新技术企业认定管理办法〉的通知》（国科发火〔2016〕32号）第七条：“已认定为高新技术企业的有以下行为之一，由认定机构取消其高新技术企业资格……（二）发生重大安全、重大质量事故或有严重环境违法行为的。对被取消高新技术企业资格的企业，由认定机构通知税务机关按《税收征管法》及有关规定，追缴其自发生上述行为之日所属年度起已享受的高新技术企业税收优惠。”故该企业在计算企业所得税时适用 25% 的税率。

9. 根据企业所得税的相关规定，下列说法正确的有（　　）。

A. 计提的坏账准备可以税前扣除

B. 计提的资产减值准备金不可以税前扣除

C. 非广告性质的赞助支出不可以税前扣除

D. 国债利息属于免税收入

【参考答案】BCD

【答案解析】未经核实的资产准备金、坏账准备不得在企业所得税前扣除；国债利息属于免税收入；非广告性质的赞助支出不可以在企业所得税税前扣除。

10. 关于高新技术企业，以下说法正确的是（　　）。

A. 该公司应自 2016 年 1 月开始享受高新技术企业税收优惠政策

B. 该公司的高新技术企业证书有效期为 2 年

C. 该公司高新技术企业资格期满当年，在通过重新认定前，其企业所得税暂按 15% 的税率预缴，在年底前仍未取得高新技术企业资格的，应按规定补缴相应期间的税款

D. 该公司享受高新技术企业税收优惠，需向主管税务机关报送符合优惠条件的相关证明材料

【参考答案】AC

【答案解析】根据《国家税务总局关于实施高新技术企业所得税优惠政策有关问题的公告》（国家税务总局公告 2017 年第 24 号）：“一、企业获得高新技术企业资格后，自高新技术企业证书注明的发证时间所在年度起申报享受税收优惠，并按规定向主管税务机关办理备案手续。企业的高新技术企业资格期满当年，在通过重新认定前，其企业所得税暂按 15% 的税率预缴，在年底前仍未取得高新技术企业资格的，应按规定补缴相应期间的税款。高新技术企业证书有效期为 3 年。”

D 选项根据《国家税务总局关于发布修订后的〈企业所得税优惠政策事项办理办法〉的公告》（国家税务总局公告 2018 年第 23 号）第四

条："企业享受优惠事项采取'自行判别、申报享受、相关资料留存备查'的办理方式。企业应当根据经营情况以及相关税收规定自行判断是否符合优惠事项规定的条件，符合条件的可以按照《目录》列示的时间自行计算减免税额，并通过填报企业所得税纳税申报表享受税收优惠。"

A100000　　中华人民共和国企业所得税年度纳税申报表（A类） 单位：元

行次	类别	项　　目	金　　额
1	利润总额计算	一、营业收入（填写 A101010 \ 101020 \ 103000）	56 500 000
2		减：营业成本（填写 A102010 \ 102020 \ 103000）	32 000 000
3		营业税金及附加	6 073 500
4		销售费用（填写 A104000）	10 000 000
5		管理费用（填写 A104000）	4 000 000
6		财务费用（填写 A104000）	1 500 000
7		资产减值损失	
8		加：公允价值变动收益	
9		投资收益	900 000
10		二、营业利润（1－2－3－4－5－6－7＋8＋9）	3 826 500
11		加：营业外收入（填写 A101010 \ 101020 \ 103000）	480 000
12		减：营业外支出（填写 A102010 \ 102020 \ 103000）	1 800 000
13		三、利润总额（10＋11－12）	2 506 500
14	应纳税所得额计算	减：境外所得（填写 A108010）	0
15		加：纳税调整增加额（填写 A105000）	2 216 700
16		减：纳税调整减少额（填写 A105000）	500 000
17		减：免税、减计收入及加计扣除（填写 A107010）	0
18		加：境外应税所得抵减境内亏损（填写 A108000）	0
19		四、纳税调整后所得（13－14＋15－16－17＋18）	4 223 200
20		减：所得减免（填写 A107020）	0
21		减：抵扣应纳税所得额（填写 A107030）	0
22		减：弥补以前年度亏损（填写 A106000）	3 900 000
23		五、应纳税所得额（19－20－21－22）	323 200

续表

行次	类别	项目	金额
24	应纳税额计算	税率（25%）	25%
25		六、应纳所得税额（23×24）	80 800
26		减：减免所得税额（填写 A107040）	0
27		减：抵免所得税额（填写 A107050）	0
28		七、应纳税额（25－26－27）	80 800
29		加：境外所得应纳所得税额（填写 A108000）	0
30		减：境外所得抵免所得税额（填写 A108000）	0
31		八、实际应纳所得税额（28＋29－30）	80 800
32		减：本年累计实际已预缴的所得税额	50 000
33		九、本年应补（退）所得税额（31－32）	30 800
34		其中：总机构分摊本年应补（退）所得税额（填写 A109000）	0
35		财政集中分配本年应补（退）所得税额（填写 A109000）	
36		总机构主体生产经营部门分摊本年应补（退）所得税额（填写 A109000）	
37	附列资料	以前年度多缴的所得税额在本年抵减额	
38		以前年度应缴未缴在本年入库所得税额	

（五）

某烟叶复烤厂在 A 市新建一厂区，由于城市规划需要，2016 年 1 月，政府决定将坐落在甲区的烟叶复烤厂（居民企业）搬迁至乙区。2016 年 3 月烟叶复烤厂与政府签订了政策性搬迁合同并开始停产搬迁。2018 年 10 月该企业按照政府要求搬迁完毕，并获得该复烤厂 5 亿元补偿。根据材料，问答以下问题：

1. 该烟叶复烤厂获得的 5 亿元补偿应作为（　　）。

A. 政府补助，免征企业所得税

B. 政府划拨的专项基金，免征企业所得税

C. 产权交易价格，按规定计征企业所得税

D. 政府投资入股，免征企业所得税

【参考答案】C

【答案解析】根据《企业会计准则第16号——政府补助》，该笔补偿不属于政府补助。其实质是产权交易，按规定计征企业所得税。

2. 该烟叶复烤厂就搬迁问题来主管税务机关办理有关税务登记的服务事项有（　　）。

A.“多证合一”信息变更

B. 变更税务登记（涉及税务登记证件内容变化）

C.“多证合一”信息确认

D. 清税注销（单位及查账征收个体工商户）

【参考答案】A

【答案解析】根据《纳税人办税指南》，按照“一照一码”登记制度设立的单位纳税人，登记信息涉及法定代表人、注册资本、投资总额、经营范围、注册地址、总机构、分支机构、股东股权（股份）变动等信息的变更，纳税人向登记管理机关办理变更登记。其中市场监督管理机关核准后将变更信息即时共享至省级信息交换平台，税务机关接收市场监督管理机关变更信息并更新税务“金三”系统内纳税人对应信息。纳税人在登记管理机关变更后，仍需向主管税务机关申请办理信息变更。

3. 关于企业政策性搬迁，以下说法正确的有（　　）。

A. 从搬迁开始，5年内（包括搬迁当年度）任何一年完成搬迁的，企业应进行搬迁清算，计算搬迁所得

B. 从搬迁开始，搬迁时间满5年（包括搬迁当年度）的年度，企业应进行搬迁清算，计算搬迁所得

C. 搬迁规划已基本完成且当年生产经营收入占规划搬迁前年度生产经营收入40%以上的视为已经完成搬迁

D. 企业取得的搬迁补偿收入包括对停产停业形成的损失而给予的补偿

【参考答案】ABD

【答案解析】根据《国家税务总局关于发布〈企业政策性搬迁所得税管理办法〉的公告》（国家税务总局公告2012年第40号）第十七条：“有下列情形之一的，为搬迁完成年度，企业应进行搬迁清算，计算搬迁所得：（一）从搬迁开始，5年内（包括搬迁当年度）任何一年完成搬迁

的。（二）从搬迁开始，搬迁时间满5年（包括搬迁当年度）的年度。”

第十九条：“企业同时符合下列条件的，视为已经完成搬迁：（一）搬迁规划已基本完成；（二）当年生产经营收入占规划搬迁前年度生产经营收入50%以上。”

第六条：“企业取得的搬迁补偿收入，是指企业由于搬迁取得的货币性和非货币性补偿收入。具体包括：（一）对被征用资产价值的补偿；（二）因搬迁、安置而给予的补偿；（三）对停产停业形成的损失而给予的补偿；（四）资产搬迁过程中遭到毁损而取得的保险赔款；（五）其他补偿收入。”

4. 如果该烟叶复烤厂2012年发生亏损，搬迁前未弥补亏损完毕，该企业2012年发生亏损最后一个可弥补年度是（　　）年。

A. 2017　　B. 2018

C. 2019　　D. 2020

【参考答案】C

【答案解析】根据《国家税务总局关于发布〈企业政策性搬迁所得税管理办法〉的公告》（国家税务总局公告2012年第40号）第二十一条：“企业以前年度发生尚未弥补的亏损的，凡企业由于搬迁停止生产经营无所得的，从搬迁年度次年起，至搬迁完成年度前一年度止，可作为停止生产经营活动年度，从法定亏损结转弥补年限中减除；企业边搬迁、边生产的，其亏损结转年度应连续计算。”

5. 2019年4月，该烟叶复烤厂办理居民企业所得申报，该企业应报送的资料有（　　）。

A.《中华人民共和国企业所得税年度纳税申报表（A类，2015年版）》

B.《中华人民共和国企业所得税年度纳税申报表（A类，2014年版）》

C.《中华人民共和国企业所得税年度纳税申报表（A类，2017年版）》

D.《企业政策性搬迁清算损益表》

【参考答案】CD

【答案解析】根据《国家税务总局关于发布〈企业政策性搬迁所得税管理办法〉的公告》（国家税务总局公告2012年第40号）第二十五条："企业搬迁完成当年，其向主管税务机关报送企业所得税年度纳税申报表时，应同时报送《企业政策性搬迁清算损益表》（表样附后）及相关材料。"

根据国家税务总局关于发布《中华人民共和国企业所得税年度纳税申报表（A类，2017年版）》的公告（国家税务总局公告2017年第54号）："为贯彻落实《中华人民共和国企业所得税法》及有关政策，现将《中华人民共和国企业所得税年度纳税申报表（A类，2017年版）》予以发布，适用于2017年度及以后年度企业所得税汇算清缴纳税申报。《国家税务总局关于发布〈中华人民共和国企业所得税年度纳税申报表（A类，2014年版）〉的公告》（国家税务总局公告2014年第63号）、《国家税务总局关于修改企业所得税年度纳税申报表（A类，2014年版）部分申报表的公告》（国家税务总局公告2016年第3号）同时废止。"

（六）

江华有限公司主要从事生物医药制造销售，2017年注册成立，2018年，公司共开展甲、乙两个研发项目，其中甲项目为自主研发项目，研发费会计核算情况如下：直接从事研发人员和外聘人员工资支出350万元，直接投入费120万元（其中房屋租赁费40万元，研发仪器租赁费20万元），研发设备折旧费30万元（该设备购进成本120万元，会计按4年折旧，符合加速折旧规定，税前扣除折旧费20万元），与研发活动直接相关的其他相关费用55万元，共计555万元。乙项目为委托境外机构进行研发，支付境外研究机构600万元。

根据上述资料，回答下列问题：

1. 根据现行政策规定，下列行业不适用研发费用税前加计扣除政策的有（　　）。

A. 动漫游戏软件开发　　B. 房地产业

C. 娱乐业　　D. 生物医药制造业

【参考答案】BC

【答案解析】根据《财政部　国家税务总局　科技部关于完善研究开

发费用税前加计扣除政策的通知》（财税〔2015〕119号）："四、不适用税前加计扣除政策的行业：1. 烟草制造业。2. 住宿和餐饮业。3. 批发和零售业。4. 房地产业。5. 租赁和商务服务业。6. 娱乐业。7. 财政部和国家税务总局规定的其他行业……"

2. 假设江华有限公司符合研发费加计扣除条件，则2018年甲项目可作为研发费加计扣除基数的是（　　）万元。

A. 555　　B. 505

C. 515　　D. 500

【参考答案】D

【答案解析】根据《国家税务总局关于研发费用税前加计扣除归集范围有关问题的公告》（国家税务总局公告2017年第40号）："一、人员人工费用　指直接从事研发活动人员的工资薪金、基本养老保险费、基本医疗保险费、失业保险费、工伤保险费、生育保险费和住房公积金，以及外聘研发人员的劳务费用。"

"二、直接投入费用　指研发活动直接消耗的材料、燃料和动力费用；用于中间试验和产品试制的模具、工艺装备开发及制造费，不构成固定资产的样品、样机及一般测试手段购置费，试制产品的检验费；用于研发活动的仪器、设备的运行维护、调整、检验、维修等费用，以及通过经营租赁方式租入的用于研发活动的仪器、设备租赁费。"

"三、折旧费用　指用于研发活动的仪器、设备的折旧费。……（二）企业用于研发活动的仪器、设备，符合税法规定且选择加速折旧优惠政策的，在享受研发费用税前加计扣除政策时，就税前扣除的折旧部分计算加计扣除。"

"六、其他相关费用　指与研发活动直接相关的其他费用，如技术图书资料费等。此类费用总额不得超过可加计扣除研发费用总额的10%。"

所以要调减房屋租赁费40万元，调减研发设备折旧费10万元，其他费用扣除限额：555－40－10＝505（万元），（505－55）×10%÷90%＝50万元，55－50＝5（万元），其他费用调减5万元。合计调减40＋10＋5＝55（万元），允许加计扣除的研发费用为555－55＝500（万元）。

3. 下列关于高新技术企业认定和研发费加计扣除中研发费口径的表

述正确的有（ ）。

A. 高新技术企业认定中包括用于研发活动的房屋租赁费，但加计扣除中不包括房屋租赁费

B. 高新技术企业认定中折旧费用是指用于研究开发活动的仪器、设备和在用建筑物的折旧费，但加计扣除中不包括在用建筑物的折旧费

C. 企业委托境内外其他机构或个人进行研发活动所发生的费用，均按照费用实际发生额的80%计入委托方研发费用

D. 高新技术企业认定中其他费用一般不得超过研发费用的20%；加计扣除中其他相关费用不得超过可加计扣除研发费用总额的10%

【参考答案】ABD

【答案解析】A选项根据《科技部 财政部 国家税务总局关于修订印发〈高新技术企业认定管理工作指引〉的通知》（国科发火〔2016〕195号）附件《高新技术企业认定管理工作指引》："（2）直接投入费用……用于研究开发活动的仪器、设备的运行维护、调整、检验、检测、维修等费用，以及通过经营租赁方式租入的用于研发活动的固定资产租赁费。"根据《国家税务总局关于研发费用税前加计扣除归集范围有关问题的公告》（国家税务总局公告2017年第40号）："二、直接投入费用 指研发活动直接消耗的材料、燃料和动力费用……用于研发活动的仪器、设备的运行维护、调整、检验、维修等费用，以及通过经营租赁方式租入的用于研发活动的仪器、设备租赁费。"

B选项根据《科技部 财政部 国家税务总局关于修订印发〈高新技术企业认定管理工作指引〉的通知》（国科发火〔2016〕195号）附件《高新技术企业认定管理工作指引》："三、认定条件……（3）折旧费用与长期待摊费用 折旧费用是指用于研究开发活动的仪器、设备和在用建筑物的折旧费。"

根据《国家税务总局关于研发费用税前加计扣除归集范围有关问题的公告》（国家税务总局公告2017年第40号）："三、折旧费用 指用于研发活动的仪器、设备的折旧费。"

C选项根据《科技部 财政部 国家税务总局关于修订印发〈高新技术企业认定管理工作指引〉的通知》（国科发火〔2016〕195号）附件

《高新技术企业认定管理工作指引》："三、认定条件……（7）委托外部研究开发费用　委托外部研究开发费用是指企业委托境内外其他机构或个人进行研究开发活动所发生的费用（研究开发活动成果为委托方企业拥有，且与该企业的主要经营业务紧密相关）。委托外部研究开发费用的实际发生额应按照独立交易原则确定，按照实际发生额的 80% 计入委托方研发费用总额。"

根据《财政部、税务总局、科技部关于企业委托境外研究开发费用税前加计扣除有关政策问题的通知》（财税〔2018〕64 号）："一、委托境外进行研发活动所发生的费用，按照费用实际发生额的 80% 计入委托方的委托境外研发费用。委托境外研发费用不超过境内符合条件的研发费用三分之二的部分，可以按规定在企业所得税前加计扣除。""六、本通知所称委托境外进行研发活动不包括委托境外个人进行的研发活动。"

D 选项根据《科技部　财政部　国家税务总局关于修订印发〈高新技术企业认定管理工作指引〉的通知》（国科发火〔2016〕195 号）附件《高新技术企业认定管理工作指引》："（8）其他费用　其他费用是指上述费用之外与研究开发活动直接相关的其他费用，包括技术图书资料费、资料翻译费等。此项费用一般不得超过研究开发总费用的 20%。"

根据《国家税务总局关于研发费用税前加计扣除归集范围有关问题的公告》（国家税务总局公告 2017 年第 40 号）："六、其他相关费用　指与研发活动直接相关的其他费用，如技术图书资料费等，此类费用总额不得超过可加计扣除研发费用总额的 10%。"

4. 关于江华有限公司 2018 年研发费加计扣除的表述，正确的有（　　）。

A. 甲项目发生的研发费用可以按照实际发生额的 75% 在税前加计扣除

B. 甲项目发生的研发费用可以按照实际发生额的 50% 在税前加计扣除

C. 乙项目发生的研发费用可以按照 480 万元计入委托方的委托境外研发费用

D. 乙项目发生的委托境外研发费用不超过境内符合条件的研发费用

三分之二的部分，可以在税前加计扣除。

【参考答案】ACD

【答案解析】AB选项根据《财政部、税务总局、科技部关于提高研究开发费用税前加计扣除比例的通知》（财税〔2018〕99号）："一、企业开展研发活动中实际发生的研发费用，未形成无形资产计入当期损益的，在按规定据实扣除的基础上，在2018年1月1日至2020年12月31日期间，再按照实际发生额的75%在税前加计扣除；形成无形资产的，在上述期间按照无形资产成本的175%在税前摊销。"

C、D选项根据《财政部、税务总局、科技部关于企业委托境外研究开发费用税前加计扣除有关政策问题的通知》（财税〔2018〕64号）："一、委托境外进行研发活动所发生的费用，按照费用实际发生额的80%计入委托方的委托境外研发费用。委托境外研发费用不超过境内符合条件的研发费用三分之二的部分，可以按规定在企业所得税前加计扣除。"

5. 江华公司不清楚如何核算和申报才符合税收管理要求，打"12366"咨询电话询问，下列回答正确的有（　　）。

A. 企业留存备查"研发支出"辅助账及汇总表

B. 企业年度纳税申报时填报研发项目可加计扣除研发费用情况归集表

C. 从事研发活动的人员（包括外聘人员）和用于研发活动的仪器、设备、无形资产的费用分配说明

D. 企业享受优惠事项采取"自行判别、申报享受、相关资料留存备查"的办理方式

【参考答案】ABCD

【答案解析】A选项和C选项根据《纳税人办税指南》，研究开发费用加计扣除，应留存"研发支出"辅助账及汇总表；从事研发活动的人员（包括外聘人员）和用于研发活动的仪器、设备、无形资产的费用分配说明（包括工作使用情况记录及费用分配计算证据材料）。

B选项根据《国家税务总局关于企业研究开发费用税前加计扣除政策有关问题的公告》（国家税务总局公告2015年第97号）："六、申报及备案管理　（一）企业年度纳税申报时，根据研发支出辅助账汇总表

填报研发项目可加计扣除研发费用情况归集表（见附件），在年度纳税申报时随申报表一并报送。”

D 选项根据《国家税务总局关于发布修订后的〈企业所得税优惠政策事项办理办法〉的公告》（国家税务总局公告 2018 年第 23 号）第四条：“企业享受优惠事项采取‘自行判别、申报享受、相关资料留存备查’的办理方式。”

（七）

按月申报增值税的一般纳税人甜蜜蜜食品有限公司是一家小微企业，以销售罐头为主要业务，其 2019 年 1—3 月发生以下业务：

1. 1 月份购进一批农产品，用于生产，开具农产品收购发票，金额为 30 万元，并于同月将该批农产品全部投入生产。1 月销售货物 10 万元，销售不动产 15 万元。

2. 该公司名下有 2 000 平方米厂房，房产原值 500 万元。1 月初改建办公楼，为改建支付费用 100 万元，加装中央空调支付 60 万元，该中央空调单独作为固定资产入账，1 月底完成改建工程交付使用。2 月 1 日到税务机关申报缴纳 2019 年上半年的房产税。

3. 2018 年 2 月 1 日至 2019 年 1 月 31 日，该公司的销售额合计 490 万元，不含 1 月销售不动产 15 万元。该企业 1 月 31 日办理转登记。

4. 2 月销售货物 6 万元，提供服务 3 万元，销售不动产 10 万元。

5. 2019 年第一季度应纳税所得额为 10 万元。

已知：以上收入均不含增值税。该公司所在地计算房产税时按原值的 30% 作为扣除额，“6 税 2 费”减按 50% 计征。

请根据上述资料及相关税法规定，回答下列问题：

1. 该公司老板 1 月 21 日听说符合条件的一般纳税人可以转登记为小规模纳税人，赶紧让财务负责人丁某去办理，丁某下列说法正确的有（　　）。

A. 可以转登记，而且 2019 年期间年销售额到 500 万元被认定为一般纳税人后可以再转一次小规模纳税人

B. 转登记纳税人作为一般纳税人经营期间的销售或者购进业务，在转登记后发生销售折让、中止或者退回的，应按照小规模纳税人计税方

法处理

C. 如果要办理转登记，该企业可在 2019 年 12 月 31 日前办理转登记

D. 转登记后，尚未抵扣的进项税额要做进项转出

【参考答案】CD

【答案解析】A 选项和 C 选项根据《国家税务总局关于小规模纳税人免征增值税政策有关征管问题的公告》（国家税务总局公告 2019 年第 4 号）：“转登记日前连续 12 个月（以 1 个月为 1 个纳税期）或者连续 4 个季度（以 1 个季度为 1 个纳税期）累计销售额未超过 500 万元的一般纳税人，在 2019 年 12 月 31 日前，可选择转登记为小规模纳税人。”根据附件《国家税务总局（政策解读）二》：“五、一般纳税人转登记问题……公告明确一般纳税人如果年销售额不超过 500 万元的，可在 2019 年度选择转登记为小规模纳税人，转登记后可享受免税政策。需要注意的是，曾在 2018 年选择过转登记的纳税人，在 2019 年仍可选择转登记；但是，2019 年选择转登记的，再次登记为一般纳税人后，不得再转登记为小规模纳税人。”

B 选项根据《国家税务总局关于增值税一般纳税人登记管理若干事项的公告》（国家税务总局公告 2018 年第 6 号）：“五、关于转登记纳税人在一般纳税人期间销售和购进业务在转登记后发生销售折让、中止或者退回的处理　转登记纳税人作为一般纳税人经营期间的销售或者购进业务，在转登记后发生销售折让、中止或者退回的，应按照一般计税方法进行调整……纳税人发生上述情形的，应调整一般纳税人期间最后一期销项税额、进项税额、应纳税额。”

D 选项根据《财政部　税务总局关于统一　增值税小规模纳税人标准的通知》（财税〔2018〕33 号）和《国家税务总局关于小规模纳税人免征增值税政策有关征管问题的公告》（国家税务总局公告 2019 年第 4 号）：“按照《中华人民共和国增值税暂行条例实施细则》第二十八条规定已登记为增值税一般纳税人的单位和个人，在 2019 年 12 月 31 日前，可转登记为小规模纳税人，其未抵扣的进项税额作转出处理。”因此 AB 错误。

2. 该企业 1 月份购进农产品，可抵扣进项税率为（　）万元。

A. 3　　B. 3.3

C. 3.9　　D. 4.8

【参考答案】A

【答案解析】根据《财政部　国家税务总局关于简并增值税税率有关政策的通知》(财税〔2017〕37号)："二、纳税人购进农产品，按下列规定抵扣进项税额：(一)除本条第(二)项规定外，纳税人购进农产品，……从按照简易计税方法依照3%征收率计算缴纳增值税的小规模纳税人取得增值税专用发票的，以增值税专用发票上注明的金额和11%的扣除率计算进项税额；取得(开具)农产品销售发票或收购发票的，以农产品销售发票或收购发票上注明的农产品买价和11%的扣除率计算进项税额。"根据财税〔2018〕32号文件规定，自2018年5月1日起，原适用17%和11%税率的，税率分别调整为16%、10%。因此，可抵扣进项税额为30×10%=3(万元)。

3. 该企业会计丁某2月到税务机关咨询普惠性减免税收政策。以下说法正确的有(　　)。

A. 3月10日该纳税人申报增值税时可以享受小规模纳税人免税政策

B. 纳税人表示3月销售额未超过10万元，但已经开具增值税专业发票并缴纳税款，但专用发票尚未交付购买方，该纳税人可在新系统中填开并上传《信息表》，销售方填开《信息表》时应填写相对应的蓝字专用发票信息

C. 该纳税人在预缴第一季度企业所得税时应缴纳企业所得税0.5万元

D. 该纳税人的城建税、教育费附加和教育费附加应从3月起适用减征优惠

【参考答案】ABC

【答案解析】A选项根据《国家税务总局关于统一小规模纳税人标准等若干增值税问题的公告》(国家税务总局公告2018年第18号)："三、一般纳税人转登记为小规模纳税人(以下称转登记纳税人)后，自转登记日的下期起，按照简易计税方法计算缴纳增值税；转登记日当期仍按照一般纳税人的有关规定计算缴纳增值税。"根据《国家税务总局关于小

规模纳税人免征增值税政策有关征管问题的公告》（国家税务总局公告2019年第4号）：“一、小规模纳税人发生增值税应税销售行为，合计月销售额未超过10万元（以1个季度为1个纳税期的，季度销售额未超过30万元，下同）的，免征增值税。小规模纳税人发生增值税应税销售行为，合计月销售额超过10万元，但扣除本期发生的销售不动产的销售额后未超过10万元的，其销售货物、劳务、服务、无形资产取得的销售额免征增值税。”

B选项根据《国家税务总局关于红字增值税发票开具有关问题的公告》（国家税务总局公告2016年第47号）：“一、增值税一般纳税人开具增值税专用发票（以下简称‘专用发票’）后，发生销货退回、开票有误、应税服务中止等情形但不符合发票作废条件，或者因销货部分退回及发生销售折让，需要开具红字专用发票的，按以下方法处理……销售方开具专用发票尚未交付购买方，以及购买方未用于申报抵扣并将发票联及抵扣联退回的，销售方可在新系统中填开并上传《开具红字增值税专用发票信息表》。销售方填开《信息表》时应填写相对应的蓝字专用发票信息。”

C选项根据《国家税务总局关于实施小型微利企业普惠性所得税减免政策有关问题的公告》（国家税务总局公告2019年第2号）：“一、自2019年1月1日至2021年12月31日，对小型微利企业年应纳税所得额不超过100万元的部分，减按25%计入应纳税所得额，按20%的税率缴纳企业所得税。”应缴企业所得税 = 10 × 25% × 20% = 0.5（万元）。

D选项根据《国家税务总局关于增值税小规模纳税人地方税种和相关附加减征政策有关征管问题的公告》（国家税务总局公告2019年第5号）：“二、关于纳税人类别变化时减征政策适用时间的确定缴纳资源税、城市维护建设税、房产税、城镇土地使用税、印花税、耕地占用税、教育费附加和地方教育附加的增值税一般纳税人按规定转登记为小规模纳税人的，自成为小规模纳税人的当月起适用减征优惠。”

4. 该企业上半年应缴纳房产税为（　　）万元。

A. 0.85　　B. 1.33

C. 1.51　　D. 1.62

【参考答案】C

【答案解析】根据《国家税务总局关于增值税小规模纳税人地方税种和相关附加减征政策有关征管问题的公告》（国家税务总局公告 2019 年第 5 号）：“二、关于纳税人类别变化时减征政策适用时间的确定缴纳资源税、城市维护建设税、房产税、城镇土地使用税、印花税、耕地占用税、教育费附加和地方教育附加的增值税一般纳税人按规定转登记为小规模纳税人的，自成为小规模纳税人的当月起适用减征优惠。”根据《国家税务总局关于进一步明确房屋附属设备和配套设施计征房产税有关问题的通知》（国税发〔2005〕173 号）：“一、为了维持和增加房屋的使用功能或使房屋满足设计要求，凡以房屋为载体，不可随意移动的附属设备和配套设施，如给排水、采暖、消防、中央空调、电气及智能化楼宇设备等，无论在会计核算中是否单独记账与核算，都应计入房产原值，计征房产税。”

应纳房产税 $=500\times(1-30\%)\times1.2\%\times1\div12+[(500+100+60)\times(1-30\%)\times1.2\%\times5\div12]\times50\%=1.51$（万元）

5. 该企业 2019 年 2 月申报缴纳房产税，由于没有享受到小规模纳税人“6 税 2 费”减免政策，前台人员以下操作正确的是（　　）

A. 对房产税申报记录进行错误更正操作

B. 修改税源信息后重新申报

C. 作废房产税申报记录

D. 删除税源信息后再申报

【参考答案】B

【答案解析】房产税普惠政策补享受方法：（1）修改税源（视登记情况拆分），选择应税税源，不做任何修改按提示录入变更日期，激活应申报（电子税务局或核心征管）。

2. 重新申报选择减征优惠，产生多缴（电子税务局或核心征管）。

3. 抵欠，下期申报（电子税务局或核心征管），不做缴款，走退抵税流程（核心征管）。

4. 退税（核心征管）。

（八）

好房子建筑有限公司注册地为某市A区，为增值税一般纳税人，按月申报。从事建筑、安装、装饰等多业经营。2019年度发生如下业务：

(1) 为一家工厂承建办公楼，1月全部完工，工程主要材料由工厂自行采购，完工后向该工厂收取工程款200万元、管理费40万元、辅助材料费20万元，另得到对方支付的提前竣工奖10万元。

(2) 2019年4月转登记为小规模纳税人，按季申报增值税，并承包B县一家制药厂厂房改造工程，2019年6月竣工结算，工程总价款为91万元，发生分包支出61万元。

(3) 2019年4月将本企业闲置的4辆搅拌车出租给其他建筑公司，合同约定租期为半年，每月租金为3.5万元，对方一次性支付租金21万元。

(4) 该公司在2019年4月启用新账簿10本，增资2 000万元，注册资本达到5 000万元。有职工100人，其中含4月招聘的新退伍军人2名，残疾人2名，建档的贫困人员1名。

已知：上述业务均为含税收入。

1. 该企业1月份承建办公楼应缴纳的增值税为（　　）万元。

A. 26.76　　B. 27.68

C. 7.28　　D. 7.86

【参考答案】D

【答案解析】根据《财政部　税务总局关于建筑服务等营改增试点政策的通知》（财税〔2017〕58号）："建筑工程总承包单位为房屋建筑的地基与基础、主体结构提供工程服务，建设单位自行采购全部或部分钢材、混凝土、砌体材料、预制构件的，适用简易计税方法计税。销售额为纳税人发生应税行为取得的全部价款和价外费用。"

(200 + 40 + 20 + 10) ÷ 1.03 × 0.03 = 7.86（万元）

2. 该企业为制药厂改建应预缴的增值税为（　　）万元。

A. 0.56　　B. 0.58

C. 0.62　　D. 0

【参考答案】D

【答案解析】根据《国家税务总局关于小规模纳税人免征增值税政策

有关征管问题的公告》（国家税务总局公告2019年第4号）："六、按照现行规定应当预缴增值税税款的小规模纳税人，凡在预缴地实现的月销售/（季销售）额未超过10/30万元的，当期无须预缴税款。本公告下发前已预缴税款的，可以向预缴地主管税务机关申请退还。"（91－61）÷（1＋3%）＝29.13万元未超过30万元，无须在项目所在地预缴增值税。

3. 该公司将搅拌车出租应缴纳的增值税为（　　）万元。

A. 0.61　　B. 0.17

C. 0.1　　D. 1

【参考答案】D

【答案解析】根据《财政部　税务总局关于建筑服务等营改增试点政策的通知》（财税〔2017〕58号）："纳税人提供租赁服务采取预收款方式的，其纳税义务发生时间为收到预收款的当天。"

21÷（1＋5%）×5%＝1（万元）

4. 该企业需要缴纳印花税（　　）元。

A. 5 050　　B. 2 605

C. 5 260　　D. 5 210

【参考答案】B

【答案解析】根据《中华人民共和国印花税暂行条例》（国务院令第11号）财产租赁合同印花税是0.1%。设备租赁合同应纳的印花税＝210 000×1‰＝210（元）。

根据《财政部　税务总局关于对营业账簿减免印花税的通知》（财税〔2018〕50号），自2018年5月1日起，将对纳税人设立的资金账簿按实收资本和资本公积合计金额征收的印花税减半。资金账簿应缴纳的印花税＝20 000 000×0.5‰×50%＋10×0＝5 000（元）。

合计5 210元，小规模纳税人可以享受"6税2费"减半征收，应缴纳的印花税＝5 210×50%＝2 605（元）。

5. 下列说法正确的有（　　）。

A. 该企业招用自主就业退役士兵，在3年内按实际招用人数予以定额依次扣减增值税、城市维护建设税、教育费附加、地方教育附加和企业所得税优惠，可以按照定额标准为每人每年6 000元，最高可上浮50%

B. 企业按招用退伍军人和建档贫困人员人数和签订的劳动合同时间核算企业减免税总额，在核算减免税总额内每月依次扣减增值税、城市维护建设税、教育费附加和地方教育附加。当年扣减不完的可以结转到下一年度

C. 该企业招用建档立卡贫困人口，在2年内按实际招用人数予以定额依次扣减增值税、城市维护建设税、教育费附加、地方教育附加和企业所得税优惠。定额标准为每人每年4 000元，最高可上浮30%

D. 该企业在预缴第二季度的企业所得税时支付给残疾职工的工资加计100%扣除

【参考答案】A

【答案解析】A选项根据《关于进一步扶持自主就业退役士兵创业就业有关税收政策的通知》（财税〔2019〕21号）："企业招用自主就业退役士兵，与其签订1年以上期限劳动合同并依法缴纳社会保险费的，自签订劳动合同并缴纳社会保险当月起，在3年内按实际招用人数予以定额依次扣减增值税、城市维护建设税、教育费附加、地方教育附加和企业所得税优惠。定额标准为每人每年6 000元，最高可上浮50%，各省、自治区、直辖市人民政府可根据本地区实际情况在此幅度内确定具体定额标准。"

B选项根据《关于进一步扶持自主就业退役士兵创业就业有关税收政策的通知》（财税〔2019〕21号）："纳税年度终了，如果企业实际减免的增值税、城市维护建设税、教育费附加和地方教育附加小于核算减免税总额，企业在企业所得税汇算清缴时以差额部分扣减企业所得税。当年扣减不完的，不再结转以后年度扣减。"

C选项根据《财政部　税务总局人力资源社会保障部　国务院扶贫办关于进一步支持和促进重点群体创业就业有关税收政策的通知》（财税〔2019〕22号），该企业招用建档立卡贫困人口，在3年内按实际招用人数予以定额依次扣减增值税、城市维护建设税、教育费附加、地方教育附加和企业所得税优惠。定额标准为每人每年6 000元，最高可上浮30%。

D选项根据《财政部　国家税务总局关于安置残疾人员就业有关企

业所得税优惠政策问题的通知》（财税〔2009〕70 号）："一、企业安置残疾人员的，在按照支付给残疾职工工资据实扣除的基础上，可以在计算应纳税所得额时按照支付给残疾职工工资的 100% 加计扣除。企业就支付给残疾职工的工资，在进行企业所得税预缴申报时，允许据实计算扣除；在年度终了进行企业所得税年度申报和汇算清缴时，再依照本条第一款的规定计算加计扣除。"

（九）

某矿业公司是小规模纳税人，2019 年发生以下业务：

1. 有厂房 58 000 平方米，办公楼占 6 000 平方米，厂办子弟学校 3 000平方米，厂办食堂和对外餐厅 2 000 平方米，厂办医院和幼儿园各占 3 000 平方米，厂内绿化用地 3 000 平方米，养殖专业用地 8 000 平方米，3 月新占非耕地 4 500 平方米用于扩建厂房，签订产权转移书据，支付价款 350 万元，并取得土地使用证。

2. 企业原有房产价值 1 000 万元，自 4 月 1 日起与甲企业签订合同，以其中价值 500 万元房产使用权出租给甲企业，期限两年，每月收取 20 万元含税租金收入。另委托建安企业修建仓库，签订合同，5 月中旬办理验收手续，建筑合同价款 600 万元，按此计入固定资产。

3. 2019 年拥有载货汽车 25 辆，挂车 10 辆，整备质量均为 5 吨，2019 年 2 月购进 2. 5 升排量小汽车 2 辆。

4. 财务人员小王认为本公司业务符合资源税减免政策，于 2019 年 1 月 2 日，到主管地税机关办税服务厅办理减免税备案手续，提交的《纳税人减免税备案登记表》中，减免政策依据是《财政部　国家税务总局关于资源税改革具体政策问题的通知》（财税〔2016〕54 号），减免项目是"充填开采减征资源税"，申请减免期限自 2019 年 1 月起。办税服务厅窗口工作人员核对资料后，当场办结。

5. 2019 年 2 月销售应税款产品 100 万元。2019 年 4 月 12 日，经主管税务机关核实，纳税人实际不符合减税条件，责令其补缴已减征的资源税税款并加收滞纳金。

已知：该企业所在省规定城镇土地使用税每平方米单位税额 2 元，当地省政府规定的房产原值扣除比例为 30%，载货汽车年纳税额每吨 8

元，小轿车360元，“6税2费”减免减按50%。

根据上述资料，请回答下列问题：

1. 该企业应缴纳的城镇土地使用税为（　　）元。

A. 144 750　　B. 72 750

C. 145 500　　D. 72 375

【参考答案】D

【答案解析】厂办的子弟学校、医院、幼儿园免征城镇土地使用税；用于养殖专业用地免征城镇土地使用税。

全年应缴纳的城镇土地使用税 = [（58 000 + 6 000 + 2 000 + 3 000）×2 + 4 500 × 2 × 9/12] ×50% = 72 375 元

2. 该企业应缴纳的车船税为（　　）元。

A. 2 200　　B. 2 000

C. 2 060　　D. 1 860

【参考答案】D

【答案解析】挂车车船税减半征收，新购入车辆当月计征车船税。全年应缴纳的车船税 = 25 × 5 × 8 + 10 × 5 × 8 × 50% + 2 × 360 × 11/12 = 1 860（元）。

3. 该企业应缴纳的房产税为（　　）元。

A. 14.39　　B. 10.62

C. 10.83　　D. 14.6

【参考答案】A

【答案解析】出租房产应从价计征房产税，应纳房产税 = 20/（1 + 5%）×9 × 12% × 50% = 10.29（万元）。

从价计征房产税 = 1 000 ×（1 - 30%）×1.2% × 3/12 × 50% + 500 ×（1 - 30%）×1.2% × 9/12 × 50% = 1.05 + 1.58 = 2.63（万元）。

委托施工企业建设房屋，从办理验收手续之日的次月起，计征房产税。应纳房产税 = 600 ×（1 - 30%）×1.2% × 7/12 × 50% = 1.47（万元）。

合计：10.29 + 2.63 + 1.47 = 14.39（万元）。

4. 纳税人对其销售应税矿产品取得的销售价款100万元享受了减税

优惠政策，税率为3%。期间，纳税人向购买方收取了违约金10万元、运杂费10万元。纳税人应补缴的资源税税款为（　　）万元。

A. 0.75　　B. 3.3

C. 1.65　　D. 0.82

【参考答案】D

【答案解析】根据《中华人民共和国资源税暂行条例实施细则》（中华人民共和国财政部　国家税务总局令第66号）第五条："条例第四条所称销售额为纳税人销售应税产品向购买方收取的全部价款和价外费用，但不包括收取的增值税销项税额。价外费用，包括价外向购买方收取的手续费、补贴、基金、集资费、返还利润、奖励费、违约金、滞纳金……以及其他各种性质的价外收费。"

根据《国家税务总局　国土资源部关于落实资源税改革优惠政策若干事项的公告》（国家税务总局　国土资源部公告2017年第2号）："二、对依法在建筑物下、铁路下、水体下（以下简称'三下'）通过充填开采方式采出的矿产资源，资源税减征50%。"根据"6税2费"减免政策，资源税减按50%征收，可以与其他优惠政策叠加享受。

该企业不符税收优惠时应纳税额＝（100＋10）×3%×50%＝1.65（万元）。

2月实际缴纳资源税额＝（100＋10）×3%×50%×50%＝0.83（万元）。

应补税额＝1.65－0.83＝0.82（万元）。

5. 根据政策规定，减征资源税的充填开采，应当满足以下（　　）条件。

A. 采用先进适用的胶结或膏体等充填方式

B. 对采空区实行全覆盖充填

C. 对地下含水层和地表生态进行必要的保护

D. 对建筑物和铁路进行必要的保护

【参考答案】ABC

【答案解析】根据《国家税务总局　国土资源部关于落实资源税改革优惠政策若干事项的公告》（国家税务总局　国土资源部公告2017年第2

号)："二、对依法在建筑物下、铁路下、水体下（以下简称'三下'）通过充填开采方式采出的矿产资源，资源税减征50%。'三下'的具体范围由省税务机关商同级国土资源主管部门确定……减征资源税的充填开采，应当同时满足以下三个条件：一是采用先进适用的胶结或膏体等充填方式；二是对采空区实行全覆盖充填；三是对地下含水层和地表生态进行必要的保护。"

第四章　税收优惠管理

一、单选题

1. 某小型微利企业2019年取得销售收入221万元，成本、费用合计34万元，已计入相关成本费用的合理的工资薪金支出11万元，其中支付残疾职工工资2万元。不考虑其他纳税调整项目。该小型微利企业2019年应缴纳企业所得税（　　）万元。

A. 13.9　　B. 12.6

C. 13.5　　D. 13.7

【参考答案】C

【答案解析】根据《财政部　税务总局关于实施小微企业普惠性税收减免政策的通知》（财税〔2019〕13号）："一、对小型微利企业年应纳税所得额不超过100万元的部分，减按25%计入应纳税所得额，按20%的税率缴纳企业所得税；对年应纳税所得额超过100万元但不超过300万元的部分，减按50%计入应纳税所得额，按20%的税率缴纳企业所得税。"上述小型微利企业是指从事国家非限制和禁止行业，且同时符合年度应纳税所得额不超过300万元、从业人数不超过300人、资产总额不超过5 000万元等三个条件的企业。

根据《财政部　国家税务总局关于安置残疾人员就业有关企业所得税优惠政策问题的通知》（财税〔2009〕70号）："一、企业安置残疾人员的，在按照支付给残疾职工工资据实扣除的基础上，可以在计算应纳税所得额时按照支付给残疾职工工资的100%加计扣除。企业就支付给残疾职工的工资，在进行企业所得税预缴申报时，允许据实计算扣除；在年度终了进行企业所得税年度申报和汇算清缴时，再依照本条第一款的规定计算加计扣除。”

应纳税所得额 =（221 - 34 - 2）=185（万元）

100 ×25% ×20% =5（万元）

（185 - 100）=85（万元），85 ×50% ×20% =8.5（万元）

合计 5 +8.5 =13.5（万元）

2. 以下涉税业务当中，税收优惠的办理方式与其他不同的是（ ）。

A. 个人销售自建自用住房免征增值税优惠

B. 公共租赁住房免征房产税优惠

C. 符合条件的技术转让所得减免征收企业所得税

D. 大宗商品仓储设施用地城镇土地使用税优惠

【参考答案】C

【答案解析】根据《纳税人办税指南》中税收优惠业务办理的规定，个人销售自建自用住房免征增值税优惠、公共租赁住房免征房产税优惠、大宗商品仓储设施用地城镇土地使用税优惠均为备案管理，符合条件的技术转让所得减免征收企业所得税为“自行判别、申报享受、相关资料留存备查”的办理方式。

3. 龙光企业 2018 年发生以下业务，可按设备投资额的 10% 抵免税额的是（ ）。

A. 将 1 月购入用于环境保护的设备出租给其他企业使用

B. 将 8 月新购的综合利用资源的设备投入使用

C. 将 6 月新购的节能节水的设备投入使用

D. 将 5 月购买的安全生产的设备转让给其他企业

【参考答案】C

【答案解析】根据《中华人民共和国企业所得税法实施条例》（中华人民共和国国务院令第 512 号）第一百条：“企业购置并实际使用《环境保护专用设备企业所得税优惠目录》《节能节水专用设备企业所得税优惠目录》和《安全生产专用设备企业所得税优惠目录》规定的环境保护、节能节水、安全生产等专用设备的，该专用设备的投资额的 10% 可以从企业当年的应纳税额中抵免；当年不足抵免的，可以在以后 5 个纳税年度结转抵免。享受此款规定的企业所得税优惠的企业，应当实际购置并自身实际投入使用前款规定的专用设备；企业购置上述专用设备在 5 年内转让、出租的，应当停止享受企业所得税优惠，并补缴已经抵免的企业所得税税款。”C 选项符合文件要求，可以按照设备投资额的 10% 抵免税额。

4. 下列表述符合车船税征税现行规定的有（　　）。

A. 电车不需要缴纳车船税　　B. 火车需缴纳车船税

C. 养殖渔船需缴纳车船税　　D. 拖船需缴纳车船税

【参考答案】D

【答案解析】A 选项根据《中华人民共和国车船税法》（中华人民共和国主席令第 43 号）所附《车船税税目税额表》，客车是指核定载客人数 9 人以上，包括电车。

B 选项根据《中华人民共和国车船税法实施条例》第二条：“车船税法第一条所称车辆、船舶，是指：（一）依法应当在车船登记管理部门登记的机动车辆和船舶；（二）依法不需要在车船登记管理部门登记的在单位内部场所行驶或者作业的机动车辆和船舶。”火车不属于车船税征税范围。

C 选项根据《中华人民共和国车船税法》第三条：“下列车船免征车船税：（一）捕捞、养殖渔船。”

D 选项根据《中华人民共和国车船税法实施条例》（中华人民共和国国务院令第 611 号）第四条：“拖船按照发动机功率每 1 千瓦折合净吨位 0.67 吨计算征收车船税。”

5. 某省某船舶公司拥有机动船舶 5 艘，每艘净吨位 50 吨，还有拖船 4 艘，每艘 6 千瓦，每吨税额为 3 元/年。则该公司应缴纳的车船税额是（　　）元。

A. 798.24　　B. 774.12

C. 786　　D. 774.32

【参考答案】B

【答案解析】按《中华人民共和国车船税法实施条例》，拖船按照发动机功率每1千瓦折合净吨位0.67吨计算征收车船税。拖船、非机动驳船分别按照机动船舶税额的50%计算。应缴纳的车船税额 $=50\times5\times3+6\times0.67\times4\times3\times50\%=774.12$（元）。

6. 下列行为中不属于契税征收范围的是（　　）。

A. 法定继承人继承房屋　　B. 非直系亲属赠与房屋

C. 夫妻房产加名、减名、更名　　D. 夫妻离婚财产分割

【参考答案】D

【答案解析】根据《中华人民共和国婚姻法》的规定，夫妻共有房屋属共同共有财产。因夫妻财产分割而将原共有房屋产权归属一方，是房产共有权的变动而不是现行契税政策规定征税的房屋产权转移行为。因此，对离婚后原共有房屋产权的归属人不征收契税。ABC选项为免征契税。

7. 下列不属于免征房产税的情形是（　　）。

A. 畅达企业2018年10月按照调结构政策要求停产，自11月起免征房产税

B. 易玲企业2018年6月到12月进行房屋大修停用，在大修期间可免征房产税

C. 工期结束后永安公司从建造企业接收的基建工地临时性用房，可以免征房产税

D. 永华企业在厂区内自建自办幼儿园，可以免征房产税

【参考答案】C

【答案解析】A选项根据《财政部　税务总局关于去产能和调结构房产税　城镇土地使用税政策的通知》（财税〔2018〕107号）第一条："对按照去产能和调结构政策要求停产停业、关闭的企业，自停产停业次月起，免征房产税、城镇土地使用税。企业享受免税政策的期限累计不得超过两年。"

B选项根据《财政部　税务总局关于房产税若干具体问题的解释和暂行规定》（财税字地〔1986〕008号）第二十四条："房屋大修停用在半年以上的，经纳税人申请，在大修期间可免征房产税。"

C选项根据《财政部　税务总局关于房产税若干具体问题的解释和

暂行规定》（财税字地〔1986〕008 号）第二十一条："凡是在基建工地为基建工地服务的各种工棚、材料棚、休息棚和办公室、食堂、茶炉房、汽车房等临时性房屋，不论是施工企业自行建造还是由基建单位出资建造交施工企业使用的，在施工期间，一律免征房产税。但是，如果在基建工程结束以后，施工企业将这种临时性房屋交还或者估价转让给基建单位的，应当从基建单位接收的次月起，依照规定征收房产税。"

D 选项根据《财政部 国家税务总局关于教育税收政策的通知》（财税〔2004〕39 号）："二、关于房产税、城镇土地使用税、印花税。对国家拨付事业经费和企业办的各类学校、托儿所、幼儿园自用的房产、土地，免征房产税、城镇土地使用税；对财产所有人将财产赠给学校所立的书据，免征印花税。"

8. 2019 年某小规模纳税人占用基本农田 10 000 平方米，其中 8 000 平方米用于建造厂房，1 000 平方米为厂区内绿化地，1 000 平方米用于建设职工技术学校。已知所占耕地适用的定额税率为 30 元/平方米。该企业应缴纳耕地占用税（　　）万元。

A. 30　　B. 28.5

C. 22.5　　D. 45

【参考答案】C

【答案解析】根据《中华人民共和国耕地占用税暂行条例》（中华人民共和国国务院令第 511 号）第七条："占用基本农田的，适用税额应当在本条例第五条第三款、第六条规定的当地适用税额的基础上提高 50%。"根据《财政部 国家税务总局关于教育税收政策的通知》（财税〔2004〕39 号）"三、关于耕地占用税、契税、农业税和农业特产税 1. 对学校、幼儿园经批准征用的耕地，免征耕地占用税。享受免税的学校用地的具体范围是：全日制大、中、小学校（包括部门、企业办的学校）的教学用房、实验室、操场、图书馆、办公室及师生员工食堂宿舍用地。学校从事非农业生产经营占用的耕地，不予免税。职工夜校、学习班、培训中心、函授学校等不在免税之列。"该企业应缴纳耕地占用税 = 10 000 × 30 ×（1 + 50%）× 50% = 225 000（元）。

9. 依据《企业所得税法》的规定，企业购置符合条件的安全生产设备，可按设备投资额的10%抵免（ ）。

A. 税款　　B. 所得

C. 收入　　D. 应纳税所得额

【参考答案】A

【答案解析】根据《企业所得税法实施条例》第一百条："企业所得税法第三十四条所称税额抵免，是指企业购置并实际使用《环境保护专用设备企业所得税优惠目录》《节能节水专用设备企业所得税优惠目录》和《安全生产专用设备企业所得税优惠目录》规定的环境保护、节能节水、安全生产等专用设备的，该专用设备的投资额的10%可以从企业当年的应纳税额中抵免；当年不足抵免的，可以在以后5个纳税年度结转抵免。"

10. 以下关于农村集体产权制度改革有关税收政策的说法错误的是（ ）。

A. 对进行股份合作制改革后的农村集体经济组织承受原集体经济组织的土地、房屋权属，免征契税

B. 对农村集体经济组织以及代行集体经济组织职能的村民委员会、村民小组进行清产核资收回集体资产而承受土地、房屋权属，免征契税

C. 对因农村集体经济组织以及代行集体经济组织职能的村民委员会、村民小组进行清产核资收回集体资产而签订的产权转移书据，免征印花税

D. 对农村集体土地所有权、宅基地和集体建设用地使用权及地上房屋确权登记，免征契税

【参考答案】D

【答案解析】根据《财政部　税务总局关于支持农村集体产权制度改革有关税收政策的通知》（财税〔2017〕55号）："一、对进行股份合作制改革后的农村集体经济组织承受原集体经济组织的土地、房屋权属，免征契税。二、对农村集体经济组织以及代行集体经济组织职能的村民委员会、村民小组进行清产核资收回集体资产而承受土地、房屋权属，免征契税。对因农村集体经济组织以及代行集体经济组织职能的村民委员会、村民小组进行清产核资收回集体资产而签订的产权转移书据，免

征印花税。三、对农村集体土地所有权、宅基地和集体建设用地使用权及地上房屋确权登记，不征收契税。”

11. 以下关于土地增值税的表述，不正确的有（　　）。

A. 飞鸿公司的厂房因修建高速公路被征收，免征土地增值税

B. 泰成房地产建造普通标准住宅出售，增值额未超过扣除项目金额30%的免征土地增值税

C. 宏达公司因城市实施规划的需要搬迁，自行转让原房地产免征土地增值税

D. 对个人销售房屋暂免征收土地增值税

【参考答案】B

【答案解析】A 选项和 C 选项根据《中华人民共和国土地增值税暂行条例》（国务院令第 138 号）第八条：“有下列情形之一的，免征土地增值税……（二）因国家建设需要依法征用、收回的房地产。”

根据《中华人民共和国土地增值税暂行条例实施细则》（财法字〔1995〕6 号）：“条例第八条第（二）项所称的因国家建设需要依法征收、收回的房地产，是指因城市实施规划、国家建设的需要而被政府批准征用的房产或收回的土地使用权。因城市实施规划、国家建设的需要而搬迁，由纳税人自行转让原房地产的，比照本规定免征土地增值税。”

B 选项根据《中华人民共和国土地增值税暂行条例》（国务院令第 138 号第八条）：“有下列情形之一的，免征土地增值税：（一）纳税人建造普通标准住宅出售，增值额未超过扣除项目金额 20% 的……”

D 选项根据《财政部　国家税务总局关于调整房地产交易环节税收政策的通知》（财税〔2008〕137 号）第三条：“自 2008 年 11 月 1 日起，对个人销售住房暂免征收土地增值税。”

12. 以下说法正确的有（　　）。

A. 鲜活肉蛋产品免征增值税优惠备案应报送《纳税人减免税备案登记表》

B. 森林消防车辆免征车辆购置税备案应报送《车辆购置税免（减）税申报表》

C. 自然灾害受灾减免个人所得税优惠备案应报送《纳税人减免税备

案登记表》

D. 耕地占用税困难性减免优惠备案应报送《纳税人减免税申请核准表》

【参考答案】D

【答案解析】根据《纳税人办税指南》，耕地占用税困难性减免优惠备案应报送《纳税人减免税备案登记表》2 份；县级人民政府批准的农村居民困难减免批复文件复印件（能够获取相关信息的可取消复印件的报送）。

13. 下列借款合同免征印花税的是（　　）。

A. 张三和李四之间签订的借款合同

B. 银行与银行之外的金融机构签订的借款合同

C. 金融机构与小微企业之间签订的借款合同

D. 保险公司与银行签订的借款合同

【参考答案】C

【答案解析】ABD 选项根据《中华人民共和国印花税暂行条例》（国务院令第 11 号）附件《印花税税目税率表》："借款合同包括银行及其他金融组织和借款人（不包括银行同业拆借）所签订的借款合同。立合同人按借款金额万分之零点五贴花。单据作为合同使用的，按合同贴花。"C 选项根据《财政部　税务总局关于支持小微企业融资有关税收政策的通知》（财税〔2017〕77 号）第二条："自 2018 年 1 月 1 日至 2020 年 12 月 31 日，对金融机构与小型企业、微型企业签订的借款合同免征印花税。"

14. 享受高新技术企业优惠的条件之一，是高新技术产品收入占企业当年总收入的比例不得低于（　　）。

A. 50%　　B. 60%

C. 70%　　D. 80%

【参考答案】B

【答案解析】根据《科技部　财政部　国家税务总局关于修订印发〈高新技术企业认定管理办法〉的通知》（国科发火〔2016〕32 号）第十一条："认定为高新技术企业须同时满足以下条件……（六）近一年高新

技术产品（服务）收入占企业同期总收入的比例不低于60%。”

15. 某企业2018年取得高新技术企业证书，2013年发生的亏损最长可以结转到（　　）年。

A. 2018　　B. 2023

C. 2022　　D. 2017

【参考答案】B

【答案解析】根据《财政部　税务总局关于延长高新技术企业和科技型中小企业亏损结转年限的通知》（财税〔2018〕76号）第一条：“自2018年1月1日起，当年具备高新技术企业或科技型中小企业资格（以下统称资格）的企业，其具备资格年度之前5个年度发生的尚未弥补完的亏损，准予结转以后年度弥补，最长结转年限由5年延长至10年。”

根据《国家税务总局关于延长高新技术企业和科技型中小企业亏损结转弥补年限有关企业所得税处理问题的公告》（国家税务总局公告2018年第45号）：“一、《通知》第一条所称当年具备高新技术企业或科技型中小企业资格（以下统称资格）的企业，其具备资格年度之前5个年度发生的尚未弥补完的亏损，是指当年具备资格的企业，其前5个年度无论是否具备资格，所发生的尚未弥补完的亏损。2018年具备资格的企业，无论2013年至2017年是否具备资格，其2013年至2017年发生的尚未弥补完的亏损，均准予结转以后年度弥补，最长结转年限为10年。2018年以后年度具备资格的企业，依此类推，进行亏损结转弥补税务处理。二、高新技术企业按照其取得的高新技术企业证书注明的有效期所属年度，确定其具备资格的年度。”

16. 甲企业为环境保护税的纳税人，该企业有一个污水排放口，2018年4月排放总铅600千克，污染当量值0.025千克，假设当地公布的环境保护税税额为每污染当量为3.6元，总铅的浓度值低于地方规定的污染物排放标准的30%。甲企业当月应缴纳环境保护税（　　）元。

A. 63 000　　B. 64 800

C. 63 450　　D. 63 750

【参考答案】B

【答案解析】根据《中华人民共和国环境保护税法》（中华人民共和

国主席令第六十一号）第十三条：“纳税人排放应税大气污染物或者水污染物的浓度值低于国家和地方规定的污染物排放标准百分之三十的，减按百分之七十五征收环境保护税。纳税人排放应税大气污染物或者水污染物的浓度值低于国家和地方规定的污染物排放标准百分之五十的，减按百分之五十征收环境保护税。”

污染当量数＝该污染物的排放量÷该污染物的污染当量值＝600÷0.025＝24 000（千克）

应缴纳环境保护税＝污染当量数×适用税额＝24 000×3.6×75%＝64 800（元）

17. 下列各项中，不属于环境保护税征税范围的是（　）。

A. 砖厂排放的大气污染物

B. 房屋建筑商夜间施工产生的噪声

C. 印染厂直接向外排放的污水

D. 医院产生的医疗废弃物

【参考答案】B

【答案解析】根据《中华人民共和国环境保护税法》（中华人民共和国主席令第六十一号），建筑施工噪声不属于环境保护税征税范围。

18. 关于车辆购置税，以下说法不正确的有（　）。

A. 美国驻华大使购买自用的车辆，免征车辆购置税

B. 张三购买一辆挖土机，免征车辆购置税

C. 白马公交公司购买一批公共汽车免征车辆购置税

D. 回国服务的在外留学人员李某购买一辆自用进口小汽车免征车辆购置税

【参考答案】D

【答案解析】根据《中华人民共和国车辆购置税暂行条例》（中华人民共和国国务院令第294号）第九条：“车辆购置税的免税、减税，按照下列规定执行：（一）外国驻华使馆、领事馆和国际组织驻华机构及其外交人员自用的车辆，免税；（二）中国人民解放军和中国人民武装警察部队列入军队武器装备订货计划的车辆，免税；（三）设有固定装置的非运输车辆，免税……”

B 选项根据《国家税务总局关于设有固定装置非运输车辆免征车辆购置税有关事项的公告》（国家税务总局公告 2016 年第 43 号）："依据《中华人民共和国车辆购置税暂行条例》和《车辆购置税征收管理办法》（国家税务总局令第 33 号公布，国家税务总局令第 38 号修改），现将设有固定装置非运输车辆免征车辆购置税有关事项公告如下：……五、挖掘机、平地机、叉车、铲车（装载机）、推土机、起重机（吊车）六类工程机械……"

C 选项根据《财政部　国家税务总局关于城市公交企业购置公共汽电车免征车辆购置税的通知》（财税〔2016〕84 号）："一、自 2016 年 1 月 1 日起至 2020 年 12 月 31 日止，对城市公交企业购置的公共汽电车辆免征车辆购置税。"

D 选项根据《财政部　国家税务总局关于防汛专用等车辆免征车辆购置税的通知》（财税〔2001〕39 号）："……二、回国服务的在外留学人员用现汇购买 1 辆个人自用国产小汽车。"

19. 关于成品油加工企业消费税政策，下列表述正确的是（　　）。

A. 生产企业自产石脑油、燃料油用于生产乙烯、芳烃类化工产品的石脑油、燃料油，应征收消费税

B. 生产企业自产石脑油、燃料油用于生产乙烯、芳烃类化工产品的，按购进数量暂免征消费税

C. 对使用石脑油、燃料油生产乙烯、芳烃的企业，购进并用于生产乙烯、芳烃类化工产品的石脑油、燃料油，按购进数量暂退还所含消费税

D. 用石脑油、燃料油生产乙烯、芳烃类化工产品的产量占本企业用石脑油、燃料油生产产品总量的 60% 以上（含 60%）的企业，可享受退（免）消费税政策

【参考答案】D

【答案解析】根据《财政部　中国人民银行　国家税务总局关于延续执行部分石脑油　燃料油消费税政策的通知》（财税〔2011〕87 号）："生产企业自产石脑油、燃料油用于生产乙烯、芳烃类化工产品的，按实际耗用数量暂免征消费税；对使用石脑油、燃料油生产乙烯、芳烃的企

业，购进并用于生产乙烯、芳烃类化工产品的石脑油、燃料油，按实际耗用数量暂退还所含消费税；用石脑油、燃料油生产乙烯、芳烃类化工产品的产量占本企业用石脑油、燃料油生产产品总量的50%以上（含50%）的企业，享受本通知规定的退（免）消费税政策。”

20. 某企业2018年预缴申报季度企业所得税时符合小微企业条件，年度汇算清缴时应纳税所得额超过100万元。对季度预缴已享受的小微企业所得税优惠税额，以下处理正确的是（ ）。

A. 应按规定补缴税款和滞纳金

B. 应按规定补缴税款、滞纳金和罚款

C. 不需要补缴税款

D. 应按规定补缴税款

【参考答案】D

【答案解析】根据《纳税人办税指南》，小型微利企业符合享受优惠政策条件，但预缴时未享受的，在年度汇算清缴时统一计算享受。小型微利企业在预缴时享受了优惠政策，但年度汇算清缴时超过规定标准的，应按规定补缴税款。

二、多选题

1. 以下税种有核准类税收优惠办理事项的有（ ）。

A. 资源税 B. 个人所得税

C. 房产税 D. 企业所得税

【参考答案】AC

【答案解析】B选项根据2019年施行的《中华人民共和国个人所得税法》的规定，已经取消“经税务机关批准”的限制，无核准依据；D选项根据《国家税务总局关于发布修订后的〈企业所得税优惠政策事项办理办法〉的公告》第四条：“企业享受优惠事项采取‘自行判别、申报享受、相关资料留存备查’的办理方式。企业应当根据经营情况以及相关税收规定自行判断是否符合优惠事项规定的条件，符合条件的可以按照《目录》列示的时间自行计算减免税额，并通过填报企业所得税纳税申报表享受税收优惠。”

2. 关于小型微利企业享受企业所得税优惠政策下列说法不正确的有（　　）。

A. H 公司从事国家非限制和禁止行业，年度应纳税所得额 100 万元、从业人数 350 人、资产总额 5 000 万元，可以享受小微企业税收优惠

B. 小型微利企业 M 公司通过核定征收方式缴纳企业所得税，不能享受小微企业税收优惠政策

C. 小型微利企业所得税统一实行按季度预缴，有特殊情况的可以按月预缴

D. 小型微利企业通过填写纳税申报表相关内容，即可享受小型微利企业所得税减免政策

【参考答案】ABC

【答案解析】根据《国家税务总局关于实施小型微利企业普惠性所得税减免政策有关问题的公告》（国家税务总局公告 2019 年第 2 号）："一、自 2019 年 1 月 1 日至 2021 年 12 月 31 日，对小型微利企业年应纳税所得额不超过 100 万元的部分，减按 25% 计入应纳税所得额，按 20% 的税率缴纳企业所得税；对年应纳税所得额超过 100 万元但不超过 300 万元的部分，减按 50% 计入应纳税所得额，按 20% 的税率缴纳企业所得税。小型微利企业无论按查账征收方式或核定征收方式缴纳企业所得税，均可享受上述优惠政策。二、本公告所称小型微利企业是指从事国家非限制和禁止行业，且同时符合年度应纳税所得额不超过 300 万元、从业人数不超过 300 人、资产总额不超过 5 000 万元等三个条件的企业。三、小型微利企业所得税统一实行按季度预缴。……五、小型微利企业在预缴和汇算清缴企业所得税时，通过填写纳税申报表相关内容，即可享受小型微利企业所得税减免政策。"

3. 纳税人发生以下业务，不符合企业所得税优惠的有（　　）。

A. 长宏公司承包建设国家重点扶持的公共基础设施项目的投资经营所得，可以享受第一年至第三年免征企业所得税，第四年至第六年减半征收企业所得税优惠

B. 绿城水务有限公司从事符合条件的环境保护、节能节水项目所得，自该环境保护、节能节水项目投入使用的第一年起，可以享受第一年至

第三年免征企业所得税，第四年至第六年减半征收企业所得税优惠

C. 取得符合条件的节能服务公司阳光企业实施合同能源管理项目，自项目取得第一笔生产经营收入所属纳税年度起，可以享受第一年至第三年免征企业所得税，第四年至第六年减半征收企业所得税优惠

D. 国家规划布局内的重点软件企业谷谷公司2018年如当年未享受免税优惠，可以补享受第一年至第三年免征企业所得税，第四年至第六年减半征收企业所得税优惠

【参考答案】ABD

【答案解析】A选项根据《国家税务总局关于实施国家重点扶持的公共基础设施项目企业所得税优惠问题的通知》（国税发〔2009〕80号）：“一、对居民企业（以下简称企业）经有关部门批准，从事符合《公共基础设施项目企业所得税优惠目录》（以下简称《目录》）规定范围、条件和标准的公共基础设施项目的投资经营所得，自该项目取得第一笔生产经营收入所属纳税年度起，第一年至第三年免征企业所得税，第四年至第六年减半征收企业所得税。企业从事承包经营、承包建设和内部自建自用《目录》规定项目的所得，不得享受前款规定的企业所得税优惠。”

B选项根据《财政部　国家税务总局关于公共基础设施项目和环境保护　节能节水项目企业所得税优惠政策问题的通知》（财税〔2012〕10号）：“企业从事《环境保护、节能节水项目企业所得税优惠目录》所列项目的所得，自项目取得第一笔生产经营收入所属纳税年度起，第一年至第三年免征企业所得税，第四年至第六年减半征收企业所得税。”

C选项根据《国家税务总局　国家发展改革委关于落实节能服务企业合同能源管理项目企业所得税优惠政策有关征收管理问题的公告》（国家税务总局　国家发展改革委公告2013年第77号）：“取得符合条件的节能服务公司阳光企业实施合同能源管理项目，自项目取得第一笔生产经营收入所属纳税年度起，可以享受第一年至第三年免征企业所得税，第四年至第六年减半征收企业所得税优惠。”

D选项根据《财政部　国家税务总局关于进一步鼓励软件产业和集成电路产业发展企业所得税政策的通知》（财税〔2012〕27号）：“四、国家规划布局内的重点软件企业和集成电路设计企业，如当年未享受免

税优惠的，可减按10%的税率征收企业所得税。”

4. 以下关于耕地占用税优惠备案说法正确的有（　　）。

A. 纳税人因不可抗力造成重大损失向税务机关申请耕地占用税困难性减免优惠，需要报送的资料有：《纳税人减免税备案登记表》、县级人民政府批准的批复文件复印件和申请人身份证明原件

B. 某农村村民新占地建自建房，向税务机关申请农村宅基地免征耕地占用税优惠，需要报送的资料有：《纳税人减免税备案登记表》、农村居民占用应税土地新建住宅的证明材料和申请人身份证明原件

C. 修建军事基地占用耕地，向税务机关申请免征耕地占用税需要报送《纳税人减免税备案登记表》

D. 民办幼儿园占用耕地向税务机关申请免征耕地占用税优惠，需要报送《纳税人减免税备案登记表》和学校占用应税土地的证明材料

【参考答案】ACD

【答案解析】选项B根据《纳税人办税指南》，农村宅基地减征耕地占用税优惠，需提供：农村居民占用应税土地新建住宅的证明材料和《纳税人减免税备案登记表》。

5. 关于耕地占用税的税收优惠，以下说法正确的有（　　）。

A. 某研究所占用农田建研究院用房研究水稻种植，在当地适用税额的基础上提高50%

B. 某飞机场航站楼占用耕地，减按每平方米2元的税额征收耕地占用税

C. 某农场占用耕地建水利设施，需按照规定征收耕地占用税

D. 农村居民张某在旧址上翻建住宅，占用超过旧址部分的耕地，可以按照当地适用税额减半征收耕地占用税

【参考答案】AD

【答案解析】A选项根据《中华人民共和国耕地占用税暂行条例》第七条：“占用基本农田的，适用税额应当在本条例第五条第三款、第六条规定的当地适用税额的基础上提高50%。”

B选项根据《中华人民共和国耕地占用税暂行条例》第九条：“铁路线路、公路线路、飞机场跑道、停机坪、港口、航道占用耕地，减按每

平方米2元的税额征收耕地占用税。”

C选项根据《中华人民共和国耕地占用税暂行条例实施细则》第二条：“条例所称建房，包括建设建筑物和构筑物。农田水利占用耕地的，不征收耕地占用税。”

D选项根据《中华人民共和国耕地占用税暂行条例实施细则》第十八条：“条例第十条规定减税的农村居民占用耕地新建住宅，是指农村居民经批准在户口所在地按照规定标准占用耕地建设自用住宅。农村居民经批准搬迁，原宅基地恢复耕种，凡新建住宅占用耕地不超过原宅基地面积的，不征收耕地占用税；超过原宅基地面积的，对超过部分按照当地适用税额减半征收耕地占用税。”

6. 宏昌公司2018年发生的以下业务，可以免征企业所得税的有（　　）。

A. 2018年12月收到国债利息分配15万元

B. 2018年7月购进H股，在12个月取得10万元股息红利

C. 2018年12月取得的地方政府债券利息收入20万元

D. 2018年1月购入中国铁路建设等企业债券，12月底获得的利息收入20万元

【参考答案】AC

【答案解析】A选项根据《国家税务总局关于企业国债投资业务企业所得税处理问题的公告》（国家税务总局公告2011年第36号）：“根据企业所得税法第二十六条的规定，企业取得的国债利息收入，免征企业所得税。具体按以下规定执行：1. 企业从发行者直接投资购买的国债持有至到期，其从发行者取得的国债利息收入，全额免征企业所得税。”

B选项根据《财政部　国家税务总局　证监会关于沪港股票市场交易互联互通机制试点有关税收政策的通知》（财税〔2014〕81号）：“对内地企业投资者通过沪港通投资香港联交所上市股票取得的股息红利所得，计入其收入总额，依法计征企业所得税。其中，内地居民企业连续持有H股满12个月取得的股息红利所得，依法免征企业所得税。”

C选项根据《财政部　国家税务总局关于地方政府债券利息免征所得税问题的通知》（财税〔2013〕5号）：“一、对企业和个人取得的2012

年及以后年度发行的地方政府债券利息收入，免征企业所得税和个人所得税。二、地方政府债券是指经国务院批准同意，以省、自治区、直辖市和计划单列市政府为发行和偿还主体的债券。”

D 选项根据《财政部　国家税务总局关于铁路债券利息收入所得税政策问题的通知》（财税〔2016〕30 号）：“经国务院批准，现就投资者取得中国铁路总公司发行的铁路债券利息收入有关所得税政策通知如下：一、对企业投资者持有 2016—2018 年发行的铁路债券取得的利息收入，减半征收企业所得税。”

7. 国家重点扶持的高新技术企业 H 发生以下业务，说法不正确的有（　　）。

A. 2019 年 1 月企业取得技术转让所得 800 万元，该项技术成本 200 万元，该项所得应纳企业所得税 7.5 万元

B. 2018 年企业安置残疾人员 5 人，支付工资 25 万元，在按照支付给残疾职工工资据实扣除的基础上，在进行企业所得税预缴申报时按照支付给残疾职工工资的 100% 加计扣除

C. 2018 年对产品进行常规升级发生的研究开发费用 50 万元，允许加计 75% 进行扣除

D. 企业享受企业所得税优惠事项采取“自行判别、申报享受、相关资料留存备查”，留存备查资料应从企业享受优惠事项当年的企业所得税汇算清缴期结束次日起保留 10 年

【参考答案】BC

【答案解析】A 选项根据《中华人民共和国企业所得税法》及其实施条例、《财政部　国家税务总局关于将国家自主创新示范区有关税收试点政策推广到全国范围实施的通知》（财税〔2015〕116 号）规定，自 2015 年 10 月 1 日起，全国范围内的居民企业转让 5 年（含，下同）以上非独占许可使用权取得的技术转让所得，纳入享受企业所得税优惠的技术转让所得范围。居民企业的年度技术转让所得不超过 500 万元的部分，免征企业所得税；超过 500 万元的部分，减半征收企业所得税。

根据《中华人民共和国企业所得税法》第二十八条第二款规定：“国家需要重点扶持的高新技术企业，减按 15% 的税率征收企业所得税。”

800 - 200 - 500 = 100（万元），100 × 50% × 15% = 7.5（万元）。

B 选项根据《财政部　国家税务总局关于安置残疾人员就业有关企业所得税优惠政策问题的通知》（财税〔2009〕70 号）："一、企业安置残疾人员的，在按照支付给残疾职工工资据实扣除的基础上，可以在计算应纳税所得额时按照支付给残疾职工工资的 100% 加计扣除。企业就支付给残疾职工的工资，在进行企业所得税预缴申报时，允许据实计算扣除；在年度终了进行企业所得税年度申报和汇算清缴时，再依照本条第一款的规定计算加计扣除。"

C 选项根据《财政部　税务总局　科技部关于提高研究开发费用税前加计扣除比例的通知》（财税〔2018〕99 号）："一、企业开展研发活动中实际发生的研发费用，未形成无形资产计入当期损益的，在按规定据实扣除的基础上，在 2018 年 1 月 1 日至 2020 年 12 月 31 日期间，再按照实际发生额的 75% 在税前加计扣除；形成无形资产的，在上述期间按照无形资产成本的 175% 在税前摊销。"根据《财政部　国家税务总局　科技部关于完善研究开发费用税前加计扣除政策的通知》（财税〔2015〕119 号）："……（二）下列活动不适用税前加计扣除政策。1. 企业产品（服务）的常规性升级……"

D 选项根据《国家税务总局关于发布修订后的〈企业所得税优惠政策事项办理办法〉的公告》（国家税务总局公告 2018 年第 23 号）第四条："企业享受优惠事项采取'自行判别、申报享受、相关资料留存备查'的办理方式。企业应当根据经营情况以及相关税收规定自行判断是否符合优惠事项规定的条件，符合条件的可以按照《目录》列示的时间自行计算减免税额，并通过填报企业所得税纳税申报表享受税收优惠。"第十条："企业留存备查资料应从企业享受优惠事项当年的企业所得税汇算清缴期结束次日起保留 10 年。"

8. 甲企业 2018 年发生符合条件的境内研发费用 120 万元，未形成无形资产计入当期损益，下列说法不正确的有（　　）。

A. 委托境外机构发生的研发费 110 万元，计入委托方委托境外研发费用 88 万元

B. 委托英国的约翰先生进行研发活动，向其个人支付研发费 100 万

元，该研发费支出可在企业所得税前加计扣除

C. 该企业的境内研发费用允许按照210万元扣除

D. 该企业应留存备查以下资料：企业委托研发项目计划书和企业有权部门立项的决议文件、“研发支出”辅助账及汇总表等资料

【参考答案】AB

【答案解析】A选项根据《财政部　税务总局　科技部关于企业委托境外研究开发费用税前加计扣除有关政策问题的通知》（财税〔2018〕64号）：“一、委托境外进行研发活动所发生的费用，按照费用实际发生额的80%计入委托方的委托境外研发费用。委托境外研发费用不超过境内符合条件的研发费用三分之二的部分，可以按规定在企业所得税前加计扣除。”该笔研发费用110×80% =88（万元），需小于等于120×2÷3 = 80（万元），最多允许计入研发费用80万元。

B选项根据《财政部　税务总局　科技部关于企业委托境外研究开发费用税前加计扣除有关政策问题的通知》（财税〔2018〕64号）：“六、本通知所称委托境外进行研发活动不包括委托境外个人进行的研发活动。”

C选项根据《财政部　税务总局　科技部关于提高研究开发费用税前加计扣除比例的通知》（财税〔2018〕99号）：“一、企业开展研发活动中实际发生的研发费用，未形成无形资产计入当期损益的，在按规定据实扣除的基础上，在2018年1月1日至2020年12月31日期间，再按照实际发生额的75%在税前加计扣除；形成无形资产的，在上述期间按照无形资产成本的175%在税前摊销。”

D选项根据《财政部　税务总局　科技部关于企业委托境外研究开发费用税前加计扣除有关政策问题的通知》（财税〔2018〕64号）：“三、企业应在年度申报享受优惠时，按照《国家税务总局关于发布修订后的〈企业所得税优惠政策事项办理办法〉的公告》（国家税务总局公告2018年第23号）的规定办理有关手续，并留存备查以下资料：（一）企业委托研发项目计划书和企业有权部门立项的决议文件；（二）委托研究开发专门机构或项目组的编制情况和研发人员名单；（三）经科技行政主管部门登记的委托境外研发合同；（四）‘研发支出’辅助账及汇总表；（五）

委托境外研发银行支付凭证和受托方开具的收款凭据；（六）当年委托研发项目的进展情况等资料。”

9. 甲商贸企业2015年1月1日成立，截至2018年10月有职工800人，资产总额9 000万元，安置残疾人10人，其中2名残疾人是2019年1月1日新招退役士兵，以下说法正确的是（　　）。

A. 该企业可以减征该年度城镇土地使用税

B. 该企业不需要缴纳残疾人就业保障金

C. 该企业最高可以按照18 000元/年的限额依次扣减增值税、城市维护建设税、教育费附加、地方教育附加和企业所得税

D. 该企业的企业所得税中残疾人工资加计扣除在年度汇算清缴中才允许扣除

【参考答案】CD

【答案解析】A选项根据《财政部　国家税务总局关于安置残疾人就业单位城镇土地使用税等政策的通知》（财税〔2010〕121号）第一条："现就安置残疾人就业单位城镇土地使用税有关问题通知如下：一、对在一个纳税年度内月平均实际安置残疾人就业人数占单位在职职工总数的比例高于25%（含25%）低于30%（不含30%），且实际安置残疾人人数高于10人（含10人）的单位，可减半征收该年度城镇土地使用税。二、对在一个纳税年度内月平均实际安置残疾人就业人数占单位在职职工总数的比例高于30%（含30%），且实际安置残疾人人数高于12人（含12人）的单位，可免征该年度城镇土地使用税。”

甲企业安置残疾人人数超过10人，比例不达25%，故需要缴纳城镇土地使用税。

B选项根据：用人单位安排残疾人就业的比例不得低于本单位在职职工总数的1.5%，不达比例需缴纳残保金。800×1.5%＝12（人），甲企业只安排了10人。

C选项根据《财政部　税务总局　退役军人部关于进一步扶持自主就业退役士兵创业就业有关税收政策的通知》（财税〔2019〕21号）："企业招用自主就业退役士兵，与其签订1年以上期限劳动合同并依法缴纳社会保险费的，自签订劳动合同并缴纳社会保险当月起，在3年内按

实际招用人数予以定额依次扣减增值税、城市维护建设税、教育费附加、地方教育附加和企业所得税优惠。定额标准为每人每年 6 000 元，最高可上浮 50%，各省、自治区、直辖市人民政府可根据本地区实际情况在此幅度内确定具体定额标准。”按照最高上浮 50% 计算：6 000 ×（1 + 50%）×2 = 18 000（元）。

D 选项根据《财政部　国家税务总局关于安置残疾人员就业有关企业所得税优惠政策问题的通知》（财税〔2009〕70 号）：“一、企业安置残疾人员的，在按照支付给残疾职工工资据实扣除的基础上，可以在计算应纳税所得额时按照支付给残疾职工工资的 100% 加计扣除。企业就支付给残疾职工的工资，在进行企业所得税预缴申报时，允许据实计算扣除；在年度终了进行企业所得税年度申报和汇算清缴时，再依照本条第一款的规定计算加计扣除。”

10. 某企业于 2016 年 2 月成立，2019 年 1 月该企业申请高新技术企业资格，以下说法不正确的有（　　）。

A. 该企业成立不满 3 年，无申请高新技术企业资格

B. 该企业从事研发和相关技术创新活动的科技人员都是获得相关资格证书的专业人才，占职工总数比例可以低于 10%

C. 2019 年 5 月获得高新技术企业资格并取证书，该企业 2019 年起申报享受税收优惠

D. 出具鉴证报告的专家可以是在美国居住，具有中华人民共和国公民资格的专家

【参考答案】ABD

【答案解析】根据《科技部　财政部　国家税务总局关于修订印发〈高新技术企业认定管理办法〉的通知》（国科发火〔2016〕32 号）：“二、认定为高新技术企业须同时满足以下条件：（一）企业申请认定时须注册成立一年以上……（四）企业从事研发和相关技术创新活动的科技人员占企业当年职工总数的比例不低于 10%。”

C 选项根据《国家税务总局关于实施高新技术企业所得税优惠政策有关问题的公告》（国家税务总局公告 2017 年第 24 号）：“一、企业获得高新技术企业资格后，自高新技术企业证书注明的发证时间所在年度起

申报享受税收优惠，并按规定向主管税务机关办理备案手续。”

D 选项根据《科技部　财政部　国家税务总局关于修订印发〈高新技术企业认定管理办法〉的通知》（国科发火〔2016〕195 号）：“1. 专家条件：（1）具有中华人民共和国公民资格，并在中国大陆境内居住和工作。”

11. 乙公司 2019 年度发生下列事项，其中符合企业所得税优惠政策的有（　　）。

A. 取得专门用途的财政性资金 50 万元

B. 开展新专利研发技术研发形成无形资产，允许按照无形资产成本的 175% 在税前摊销

C. 新购进 800 万元的生产机器一台，采用缩短折旧年限法按 6 年进行折旧

D. 新购进一栋厂房，价值 500 万元，一次性计入成本

【参考答案】BC

【答案解析】A 选项根据《中华人民共和国企业所得税法》（中华人民共和国主席令第 63 号）第七条：“收入总额中的下列收入为不征税收入：（一）财政拨款；（二）依法收取并纳入财政管理的行政事业性收费、政府性基金；（三）国务院规定的其他不征税收入。”

B 选项根据《财政部　税务总局　科技部关于提高研究开发费用税前加计扣除比例的通知》（财税〔2018〕99 号）：“一、企业开展研发活动中实际发生的研发费用，未形成无形资产计入当期损益的，在按规定据实扣除的基础上，在 2018 年 1 月 1 日至 2020 年 12 月 31 日期间，再按照实际发生额的 75% 在税前加计扣除；形成无形资产的，在上述期间按照无形资产成本的 175% 在税前摊销。”

C 选项根据《企业所得税法实施条例》第六十条：“除国务院财政、税务主管部门另有规定外，固定资产计算折旧的最低年限如下：（一）房屋、建筑物，为 20 年；（二）飞机、火车、轮船、机器、机械和其他生产设备，为 10 年；（三）与生产经营活动有关的器具、工具、家具等，为 5 年；（四）飞机、火车、轮船以外的运输工具，为 4 年；（五）电子设备，为 3 年。”

第九十八条："企业所得税法第三十二条所称可以采取缩短折旧年限或者采取加速折旧的方法的固定资产，包括：（一）由于技术进步，产品更新换代较快的固定资产；（二）常年处于强震动、高腐蚀状态的固定资产。采取缩短折旧年限方法的，最低折旧年限不得低于本条例第六十条规定折旧年限的60%；采取加速折旧方法的，可以采取双倍余额递减法或者年数总和法。"

该生产机器最低应该按照 $10 \times 60\% = 6$（年）进行折旧。

D选项根据《财政部　税务总局关于设备　器具扣除有关企业所得税政策的通知》（财税〔2018〕54号）："一、企业在2018年1月1日至2020年12月31日期间新购进的设备、器具，单位价值不超过500万元的，允许一次性计入当期成本费用在计算应纳税所得额时扣除，不再分年度计算折旧；单位价值超过500万元的，仍按企业所得税法实施条例、《财政部　国家税务总局关于完善固定资产加速折旧企业所得税政策的通知》（财税〔2014〕75号）、《财政部　国家税务总局关于进一步完善固定资产加速折旧企业所得税政策的通知》（财税〔2015〕106号）等相关规定执行。二、本通知所称设备、器具，是指除房屋、建筑物以外的固定资产。"

12. 某企业为资源税纳税人，资源税改革后，该企业财务人员向税务机关工作人员咨询资源税改革后的政策，以下工作人员的答复有误的有（　　）。

A. 销售额包括纳税人销售应税产品向购买方收取的全部价款和价外费用，包括各环节的仓储费用

B. 为促进共伴生矿的综合利用，纳税人开采销售共伴生矿，共伴生矿按主矿产品的税目和适用税率计征资源税

C. 对依法在建筑物下、铁路下、水体下（以下简称"三下"）通过充填开采方式采出的矿产资源，资源税减征50%。"三下"的具体范围由省国土资源主管部门确定

D. 经主管税务机关核实后，对于不符合资源税减税条件的纳税人，主管税务机关应当责令其停止享受减税优惠；已享受减税优惠的，由主管税务机关责令纳税人补缴已减征的资源税税款并加收滞纳金

【参考答案】ABC

【答案解析】A 选项和 B 选项根据《财政部　国家税务总局关于资源税改革具体政策问题的通知》（财税〔2016〕54 号）规定，销售额是指纳税人销售应税产品向购买方收取的全部价款和价外费用，不包括增值税销项税额和运杂费用。运杂费用是指应税产品从坑口或洗选（加工）地到车站、码头或购买方指定地点的运输费用、建设基金以及随运销产生的装卸、仓储、港杂费用。为促进共伴生矿的综合利用，纳税人开采销售共伴生矿，共伴生矿与主矿产品销售额分开核算的，对共伴生矿暂不计征资源税；没有分开核算的，共伴生矿按主矿产品的税目和适用税率计征资源税。

C 选项根据《国家税务总局　国土资源部关于落实资源税改革优惠政策若干事项的公告》（国家税务总局 2017 年第 2 号公告）：“对依法在建筑物下、铁路下、水体下（以下简称‘三下’）通过充填开采方式采出的矿产资源，资源税减征 50%。‘三下’的具体范围由省税务机关商同级国土资源主管部门确定。”

13. 下列关于公共租赁住房税收优惠政策说法正确的有（　　）。

A. 对公共租赁住房建设期间用地及公共租赁住房建成后占地免征城镇土地使用税

B. 对公共租赁住房经营管理单位免征建设、管理公共租赁住房涉及的印花税

C. 对公共租赁住房经营管理单位购买住房作为公共租赁住房，免征契税、印花税；对公共租赁住房租赁双方免征签订租赁协议涉及的印花税

D. 对企事业单位、社会团体以及其他组织转让旧房作为公共租赁住房房源，且增值额未超过扣除项目金额 20% 的，免征土地增值税

【参考答案】ABCD

【答案解析】根据《财政部　国家税务总局关于公共租赁住房税收优惠政策的通知》（财税〔2015〕139 号）：“一、对公共租赁住房建设期间用地及公共租赁住房建成后占地免征城镇土地使用税。二、对公共租赁住房经营管理单位免征建设、管理公共租赁住房涉及的印花税。三、对

公共租赁住房经营管理单位购买住房作为公共租赁住房，免征契税、印花税；对公共租赁住房租赁双方免征签订租赁协议涉及的印花税。四、对企事业单位、社会团体以及其他组织转让旧房作为公共租赁住房房源，且增值额未超过扣除项目金额20%的，免征土地增值税。”

14. 下列关于物流企业大宗商品仓储设施用地城镇土地使用税政策说法正确的有（　　）。

A. 速递物流在物流园自有大宗商品仓储设施用地，可以减按所属土地等级适用税额标准的50%计征城镇土地使用税，享受优惠的时间自2017年1月1日起至2019年12月31日止

B. 速递物流将自有的大宗商品仓储设施用地租给某公司用于储存粮食、棉花、油料等农产品的仓储设施，也可以享受减按所属土地等级适用税额标准的50%计征城镇土地使用税的优惠

C. 由于业务需要，速递物流企业承租一块用于大宗商品仓储设施的土地，该土地的城镇土地使用税也可以减按所属土地等级适用税额标准的50%计征

D. 大宗商品仓储设施，是指同一仓储设施占地面积在5 000平方米及以上，且主要储存粮食、棉花、油料等农产品的仓储设施

【参考答案】ABC

【答案解析】

选项ABD根据《关于继续实施物流企业大宗商品仓储设施用地城镇土地使用税优惠政策的通知》（财税〔2017〕33号）：“一、自2017年1月1日起至2019年12月31日止，对物流企业自有的（包括自用和出租）大宗商品仓储设施用地，减按所属土地等级适用税额标准的50%计征城镇土地使用税。”“本通知所称大宗商品仓储设施，是指同一仓储设施占地面积在6 000平方米及以上，且主要储存粮食、棉花、油料……等农产品……的仓储设施。”

选项C根据《财政部　税务总局关于物流企业承租用于大宗商品仓储设施的土地城镇土地使用税优惠政策的通知》（财税〔2018〕62号）：“为促进物流业健康发展，现对物流企业承租用于大宗商品仓储设施的土地城镇土地使用税政策通知如下：自2018年5月1日起至2019年12月

31 日止，对物流企业承租用于大宗商品仓储设施的土地，减按所属土地等级适用税额标准的 50% 计征城镇土地使用税。”

15. 关于资源税的税收优惠，以下说法正确的有（　　）。

A. 2018 年 4 月 1 日至 2021 年 3 月 31 日，对页岩气资源税减征 30%

B. 2015 年 5 月 1 日起，铁矿石资源税减按规定税额标准的 40% 征收

C. 对依法在建筑物下通过充填开采方式采出的矿产资源，资源税减征 50%

D. 对实际开采年限在 15 年（含）以上的衰竭期矿山开采的矿产资源，资源税减征 30%

【参考答案】ABCD

【答案解析】A 选项根据《财政部　税务总局关于对页岩气减征资源税的通知》（财税〔2018〕26 号）：“为促进页岩气开发利用，有效增加天然气供给，经国务院同意，自 2018 年 4 月 1 日至 2021 年 3 月 31 日，对页岩气资源税（按 6% 的规定税率）减征 30%。”

B 选项根据《财政部　国家税务总局关于调整铁矿石资源税适用税额标准的通知》（财税〔2015〕46 号）：“自 2015 年 5 月 1 日起，将铁矿石资源税由减按规定税额标准的 80% 征收调整为减按规定税额标准的 40% 征收。”

C 选项和 D 选项根据《国家税务总局　国土资源部关于落实资源税改革优惠政策若干事项的公告》（国家税务总局　国土资源部公告 2017 年第 2 号）：“二、对依法在建筑物下、铁路下、水体下（以下简称‘三下’）通过充填开采方式采出的矿产资源，资源税减征 50%。三、对实际开采年限在 15 年（含）以上的衰竭期矿山开采的矿产资源，资源税减征 30%。”

16. 关于城镇土地使用税的征收管理与税收优惠，以下说法错误的有（　　）。

A. 新办企业 H 公司厂区内有荒山 50 亩，3 年内按应纳税额减半征收城镇土地使用税

B. M 企业拥有并运营管理的大型体育场馆，其用于体育活动的土地可以减半征收城镇土地使用税

C. 张某将其从村集体承租的所有建设用地转租给 M 公司，由 M 公司缴纳城镇土地使用税

D. 永和马术俱乐部有马术的比赛、训练场地 100 亩，自 2016 年 1 月 1 日起免征城镇土地使用税

【参考答案】ACD

【答案解析】A 选项根据《财政部　国家税务总局关于企业范围内荒山　林地　湖泊等占地城镇土地使用税有关政策的通知》（财税〔2014〕1 号）：“对已按规定免征城镇土地使用税的企业范围内荒山、林地、湖泊等占地，自 2014 年 1 月 1 日至 2015 年 12 月 31 日，按应纳税额减半征收城镇土地使用税；自 2016 年 1 月 1 日起，全额征收城镇土地使用税。”

B 选项根据《财政部　国家税务总局关于体育场馆房产税和城镇土地使用税政策的通知》（财税〔2015〕130 号）规定：“三、企业拥有并运营管理的大型体育场馆，其用于体育活动的房产、土地，减半征收房产税和城镇土地使用税。”

C 选项根据《财政部　税务总局关于承租集体土地城镇土地使用税有关政策的通知》（财税〔2017〕29 号）：“在城镇土地使用税征税范围内，承租集体所有建设用地的，由直接从集体经济组织承租土地的单位和个人，缴纳城镇土地使用税。”因此应由张某缴纳城镇土地使用税。

D 选项根据《财政部　国家税务总局关于体育场馆房产税和城镇土地使用税政策的通知》（财税〔2015〕130 号）：“七、高尔夫球、马术、汽车、卡丁车、摩托车的比赛场、训练场、练习场，除另有规定外，不得享受房产税、城镇土地使用税优惠政策。”

17. 蒋某为顺应国家“大众创业、万众创新”的号召，于 2016 年 9 月成立了飞跃科技有限责任公司，并于 2018 年 12 月 28 日取得高新技术企业证书，以下说法正确的有（　　）。

A. 飞跃科技有限责任公司应自 2018 年 1 月开始享受高新技术企业税收优惠政策

B. 飞跃科技有限责任公司的高新技术企业证书有效期为 2 年

C. 飞跃科技有限责任公司的高新技术企业资格期满当年，在通过重新认定前，需暂按 25% 的税率预缴，待取得高新技术企业资格后，再办

理退税手续

D. 飞跃科技有限责任公司享受高新技术企业税收优惠，需留存备查符合优惠条件的相关材料

【参考答案】AD

【答案解析】ACD 选项根据《国家税务总局关于实施高新技术企业所得税优惠政策有关问题的公告》（国家税务总局公告 2017 年第 24 号）：“一、企业获得高新技术企业资格后，自高新技术企业证书注明的发证时间所在年度起申报享受税收优惠，并按规定向主管税务机关办理备案手续。企业的高新技术企业资格期满当年，在通过重新认定前，其企业所得税暂按 15% 的税率预缴，在年底前仍未取得高新技术企业资格的，应按规定补缴相应期间的税款。”

B 选项根据《科技部　财政部　国家税务总局关于修订印发〈高新技术企业认定管理办法〉的通知》（国科发火〔2016〕32 号）第九条：“通过认定的高新技术企业，其资格自颁发证书之日起有效期为三年。”

18. 某企业作为符合条件的孵化器在营业税改征增值税试点期间，发生以下（　　）业务可以免征增值税。

A. 向孵化企业出租场地、房屋

B. 为孵化企业提供经纪代理服务

C. 为孵化企业提供租赁服务

D. 为孵化企业提供研发和技术服务

【参考答案】ABCD

【答案解析】根据《财政部　国家税务总局关于科技企业孵化器税收政策的通知》（财税〔2016〕89 号）：“一、在营业税改征增值税试点期间，对其向孵化企业出租场地、房屋以及提供孵化服务的收入，免征增值税。”“五、本通知所称‘孵化服务’是指为孵化企业提供的属于营业税‘服务业’税目中‘代理业’、‘租赁业’和‘其他服务业’中的咨询和技术服务范围内的服务，改征增值税后是指为孵化企业提供的‘经纪代理’、‘经营租赁’、‘研发和技术’、‘信息技术’和‘鉴证咨询’等服务。”

19. 下列税种中，涉及残疾人减免税优惠的包括（　　）。

A. 增值税　　　　　　　　　　B. 房产税

C. 城镇土地使用税　　　　　　D. 个人所得税

【参考答案】ACD

【答案解析】A 选项根据《财政部 国家税务总局关于促进残疾人就业增值税优惠政策的通知》（财税〔2016〕52 号）："一、对安置残疾人的单位和个体工商户（以下称纳税人），实行由税务机关按纳税人安置残疾人的人数，限额即征即退增值税的办法。安置的每位残疾人每月可退还的增值税具体限额，由县级以上税务机关根据纳税人所在区县（含县级市、旗，下同）适用的经省（含自治区、直辖市、计划单列市，下同）人民政府批准的月最低工资标准的 4 倍确定。""八、残疾人个人提供的加工、修理修配劳务，免征增值税。"

C 选项根据《财政部 国家税务总局关于安置残疾人就业单位城镇土地使用税等政策的通知》（财税〔2010〕121 号）第一条："现就安置残疾人就业单位城镇土地使用税有关问题通知如下：一、对在一个纳税年度内月平均实际安置残疾人就业人数占单位在职职工总数的比例高于 25%（含 25%）低于 30%（不含 30%），且实际安置残疾人人数高于 10 人（含 10 人）的单位，可减半征收该年度城镇土地使用税。"

D 选项根据《中华人民共和国个人所得税法》（主席令第四十四号）第五条和《中华人民共和国个人所得税法实施条例》（国务院令第 142 号）第十六条的规定，对残疾人个人取得的劳动所得，按照省（不含计划单列市）人民政府规定的减征幅度和期限减征个人所得税。具体所得项目为：工资薪金所得、个体工商户的生产和经营所得、对企事业单位的承包和承租经营所得、劳务报酬所得、稿酬所得、特许权使用费所得。

20. 上海地区的纳税人张某 2018 年 4 月入职，每月工资薪金 10 000 元，2018 年 8 月购买了健康商业险和递延型商业养老保险，保费分别为 3 600 元和 12 000 元，以下说法正确的有（　　）。

A. 张三可以按照每月 200 元限额的标准扣除健康商业险的保费，可以按照 600 元的标准扣除递延型商业养老保险的保费。填报《扣缴个人所得税报告表》时应当将当期可扣除金额填至"税前扣除项目"栏"其他"

B. 张三购买的商业养老资金账户在 9 月获得 200 元的投资收益，在缴费期间暂不征收个人所得税

C. 张三在达到规定条件时领取的商业养老金收入，其中 25% 部分予以免税，其余 75% 部分按照 10% 的比例税率计算缴纳个人所得税，税款计入“其他所得”项目

D. 张某购买的健康商业险和递延型商业养老保险的保费可以在 9 月份申报时进行扣除

【参考答案】ABC

【答案解析】A 选项根据《财政部　税务总局　人力资源社会保障部　中国银行保险监督管理委员会　证监会关于开展个人税收递延型商业养老保险试点的通知》（财税〔2018〕22 号）：“试点地区取得工资薪金、连续性劳务报酬所得的个人购买商业个人税收递延型商业养老保险，其缴纳的保费准予在申报扣除当月计算应纳税所得额时予以限额据实扣除，扣除限额按照当月工资薪金、连续性劳务报酬收入的 6% 和 1 000 元孰低办法确定。”根据《国家税务总局关于推广实施商业健康保险个人所得税政策有关征管问题的公告》（国家税务总局公告 2017 年第 17 号）和《国家税务总局关于开展个人税收递延型商业养老保险试点有关征管问题的公告》（国家税务总局公告 2018 年第 21 号）。

B 选项根据《财政部　国家税务总局　保监会关于将商业健康保险个人所得税试点政策推广到全国范围实施的通知》（财税〔2017〕39 号）：“对个人购买符合规定的商业健康保险产品的支出，允许在当年（月）计算应纳税所得额时予以税前扣除，扣除限额为 2 400 元/年（200 元/月）。单位统一为员工购买符合规定的商业健康保险产品的支出，应分别计入员工个人工资薪金，视同个人购买，按上述限额予以扣除。2 400 元/年（200 元/月）的限额扣除为个人所得税法规定减除费用标准之外的扣除。”

C 选项根据《财政部　税务总局　人力资源社会保障部　中国银行保险监督管理委员会　证监会关于开展个人税收递延型商业养老保险试点的通知》（财税〔2018〕22 号）：“对个人达到规定条件时领取的商业养老金收入，其中 25% 部分予以免税，其余 75% 部分按照 10% 的比例税

率计算缴纳个人所得税，税款计入‘其他所得’项目。”

D选项，购买递延型商业养老保险取得连续性劳务报酬所得，是指纳税人连续6个月以上（含6个月）为同一单位提供劳务而取得的所得。张三入职不足6个月，不得在9月份扣除养老保险的保费。

21. 以下个人在2018年10月取得的下列报酬收入，在计算个人所得税时可以打5.6折的有（　　）。

A. 杂志社记者在本社刊物发表文章取得的报酬

B. 清洁工在本单位的报刊、杂志上发表作品取得的报酬

C. 张三业余时间为某杂志社审稿取得的报酬

D. 出版社的专业作者翻译的小说由该出版社出版取得的报酬

【参考答案】BD

【答案解析】选项A和B根据《国家税务总局关于个人所得税若干业务问题的批复》（国税函〔2002〕146号）第三条第一款：“任职、受雇于报纸、杂志等单位的记者、编辑等专业人员，因在本单位的报刊、杂志上发表作品取得的所得，属于因任职、受雇而取得的所得，应与其当月工资收入合并，按‘工资、薪金所得’项目征收个人所得税。除上述专业人员以外，其他人员在本单位的报刊、杂志上发表作品取得的所得，应按‘稿酬所得’项目征收个人所得税。”

第三条第二款规定：“出版社的专业作者撰写、编写或翻译的作品，由本社以图书形式出版而取得的稿费收入，应按‘稿酬所得’项目计算缴纳个人所得税。”

选项D根据《国务院关于修改〈中华人民共和国个人所得税法实施条例〉的决定》（中华人民共和国国务院令第600号）第八条第四款：“劳务报酬所得，是指个人从事设计、装潢、安装、制图、化验、测试、医疗、法律、会计、咨询、讲学、新闻、广播、翻译、审稿……经纪服务、代办服务以及其他劳务取得的所得。”

根据新个税法规定，2019年1月1日起，居民个人的综合所得，以每一纳税年度的收入额减除费用6万元以及专项扣除、专项附加扣除和依法确定的其他扣除后的余额，为应纳税所得额。

劳务报酬所得、稿酬所得、特许权使用费所得以收入减除20%的费

用后的余额为收入额。稿酬所得的收入额减按70%计算，即稿酬收入实际相当于按5.6折计税。

22. 关于环保税优惠，以下说法不正确的有（　　）。

A. 大货车烧柴油产生的废气免征环境保护税

B. 规模化养鸡场向小河排放混有鸡粪的污水免征环境保护税

C. 纳税人综合利用的固体废物，符合国家和地方环境保护标准的免征环境保护税

D. 绿城污水处理厂向外排放经过处理的符合标准的污水，不征环境保护税

【参考答案】BD

【答案解析】根据《中华人民共和国环境保护税法》（中华人民共和国主席令第六十一号）第十二条："下列情形，暂予免征环境保护税：（一）农业生产（不包括规模化养殖）排放应税污染物的；（二）机动车、铁路机车、非道路移动机械、船舶和航空器等流动污染源排放应税污染物的；（三）依法设立的城乡污水集中处理、生活垃圾集中处理场所排放相应应税污染物，不超过国家和地方规定的排放标准的；（四）纳税人综合利用的固体废物，符合国家和地方环境保护标准的。"

23. 以下关于股权激励表述正确的有（　　）。

A. 非上市公司授予本公司员工的股票期权、股权期权、限制性股票和股权奖励，符合规定条件的，经向主管税务机关备案，可实行递延纳税政策，即员工在取得股权激励时可暂不纳税，递延至转让该股权时纳税

B. 股权转让时，按照股权转让收入减除股权取得成本，适用"财产转让所得"项目，按照20%的税率计算缴纳个人所得税

C. 上市公司授予个人的股票期权、限制性股票和股权奖励，经向主管税务机关备案，个人可自股票期权行权、限制性股票解禁或取得股权奖励之日起，在不超过12个月的期限内缴纳个人所得税

D. 个人转让股权时，视同享受递延纳税优惠政策的股权优先转让。递延纳税的股权成本按照个别计价法计算，不与其他方式取得的股权成本合并计算

【参考答案】AC

【答案解析】根据《财政部　国家税务总局关于完善股权激励和技术入股有关所得税政策的通知》（财税〔2016〕101 号），A 选项：“（一）非上市公司授予本公司员工的股票期权、股权期权、限制性股票和股权奖励，符合规定条件的，经向主管税务机关备案，可实行递延纳税政策，即员工在取得股权激励时可暂不纳税，递延至转让该股权时纳税。”

B 选项：“股权转让时，按照股权转让收入减除股权取得成本以及合理税费后的差额，适用‘财产转让所得’项目，按照 20% 的税率计算缴纳个人所得税。”

C 选项：“二、对上市公司股票期权、限制性股票和股权奖励适当延长纳税期限：（一）上市公司授予个人的股票期权、限制性股票和股权奖励，经向主管税务机关备案，个人可自股票期权行权、限制性股票解禁或取得股权奖励之日起，在不超过 12 个月的期限内缴纳个人所得税。”

D 选项：“（三）个人转让股权时，视同享受递延纳税优惠政策的股权优先转让。递延纳税的股权成本按照加权平均法计算，不与其他方式取得的股权成本合并计算。”

24. 下列自产货物中，实行增值税即征即退 50% 政策的有（　　）。

A. 用燃煤发电厂生产过程中产生的烟气、高硫天然气生产硫酸

B. 以蔗渣为原料生产的蔗渣浆

C. 垃圾以及利用垃圾发酵产生的沼气生产热力

D. 以废纸、农作物秸秆生产纸浆、秸秆浆和纸

【参考答案】ABD

【答案解析】根据《财政部　国家税务总局关于印发〈资源综合利用产品和劳务增值税优惠目录〉的通知 》（财税〔2015〕78）：“一、纳税人销售自产的资源综合利用产品和提供资源综合利用劳务（以下称销售综合利用产品和劳务），可享受增值税即征即退政策。具体综合利用的资源名称、综合利用产品和劳务名称、技术标准和相关条件、退税比例等按照本通知所附《资源综合利用产品和劳务增值税优惠目录》（以下简称《目录》）的相关规定执行。”燃煤发电厂及各类工业企业生产过程中产生的烟气、高硫天然气退税比例 50%；蔗渣 50%；垃圾以及利用垃圾发酵

产生的沼气100%；以废纸、农作物秸秆生产纸浆、秸秆浆和纸50%。

25. 关于增值税优惠，以下说法正确的有（　　）。

A. 纳税人销售自建自用住房免征增值税

B. 2019年1月1日起对月销售额10万元以下（含本数）的增值税小规模纳税人，免征增值税

C. 纳税人发生应税行为同时适用免税和零税率规定的，纳税人可以选择适用免税或者零税率

D. 纳税人放弃享受优惠或重新申请优惠资格，可按纳税人业务需要随时到税务机关办理

【参考答案】ABC

【答案解析】A选项根据《财政部　国家税务总局关于全面推开营业税改征增值税试点的通知》（财税〔2016〕36号）附件3“营业税改征增值税试点过渡政策的规定”：“个人销售自建自用住房，免征增值税。同时，随征附加税费为零。”

B选项根据《财政部　税务总局关于实施小微企业普惠性税收减免政策的通知》（财税〔2019〕13号）：“一、对月销售额10万元以下（含本数）的增值税小规模纳税人，免征增值税。”

C选项和D选项根据《财政部　国家税务总局关于全面推开营业税改征增值税试点的通知》（财税〔2016〕36号）第四十八条：“纳税人发生应税行为适用免税、减税规定的，可以放弃免税、减税，依照本办法的规定缴纳增值税。放弃免税、减税后，36个月内不得再申请免税、减税。纳税人发生应税行为适用免税、减税规定的，可以放弃免税、减税。放弃免税、减税后，36个月内不得再申请免税、减税。纳税人发生应税行为同时适用免税和零税率规定的，纳税人可以选择适用免税或者零税率。”

三、判断题

1. 2019年1月，某地个体工商户因受大雪灾害，根据该省规定可以享受个人所得税经营所得减征的税收优惠，因此其需要向税务机关申请个人所得税优惠核准，并填制《纳税人减免税申请核准表》。（　　）

【参考答案】×

【答案解析】根据2019年施行的《中华人民共和国个人所得税法》第五条："有下列情形之一的，可以减征个人所得税，具体幅度和期限，由省、自治区、直辖市人民政府规定，并报同级人民代表大会常务委员会备案：（一）残疾、孤老人员和烈属的所得；（二）因自然灾害遭受重大损失的。""因自然灾害遭受重大损失的"的情形已经取消原法当中"经批准可以减征个人所得税"的内容，已经不是核准类事项，因此无须再填制《纳税人减免税申请核准表》。

2. 为进一步提升办税效率，除以申报代替备案以及留存备查以外，税收优惠备案类事项应当即时办结，税收优惠核准类事项应当于7个工作日内办结。（　　）

【参考答案】×

【答案解析】根据《纳税人办税指南》的相关规定，一部分核准类事项应当于7个工作内办结，但房产税、土地使用税的核准类事项资料齐全、符合法定形式、填写内容完整的，核准税务机关为县税务机关的，应自受理之日起20个工作日内办结；核准税务机关为市税务机关的，应自受理之日起30个工作日内办结；核准税务机关为省税务机关的，应自受理之日起60个工作日内办结；在规定期限内不能作出决定的，核准税务机关负责人可以延长10个工作日，并将延长期限的理由告知纳税人。土地增值税核准的办结时限由省税务机关确定。

3. 从2019年1月1日起，小规模纳税人发生增值税应税销售行为，合计月销售额未超过10万元（以1个季度为1个纳税期的，季度销售额未超过30万元）的，除预缴增值税以外，均免征增值税。（　　）

【参考答案】×

【答案解析】根据《国家税务总局关于小规模纳税人免征增值税政策有关征管问题的公告》（国家税务总局公告2019年第4号）："按照现行规定应当预缴增值税税款的小规模纳税人，凡在预缴地实现的月销售额未超过10万元的，当期无须预缴税款。本公告下发前已预缴税款的，可以向预缴地主管税务机关申请退还。"

4. 房地产开发公司开发建造商品房的用地，对各类房地产开发用地

一律不得减免城镇土地使用税。（ ）

【参考答案】×

【答案解析】根据《国家税务总局关于进一步加强城镇土地使用税和土地增值税征收管理工作的通知》（国税发〔2004〕100号）：“二、……房地产开发公司开发建造商品房的用地，除经批准开发建设经济适用房的用地外，对各类房地产开发用地一律不得减免城镇土地使用税……”

5. 纳税人符合促进残疾人就业增值税优惠政策，同时符合重点群体支持就业的增值税优惠政策，纳税人可以累加执行适用的优惠政策，一经选定，36个月内不得变更。（ ）

【参考答案】×

【答案解析】根据《财政部 国家税务总局关于促进残疾人就业增值税优惠政策的通知》（财税〔2016〕52号）：“七、如果既适用促进残疾人就业增值税优惠政策，又适用重点群体、退役士兵、随军家属、军转干部等支持就业的增值税优惠政策的，纳税人可自行选择适用的优惠政策，但不能累加执行。一经选定，36个月内不得变更。”

6. 纯电动汽车、燃料电池汽车、插电式混合动力汽车、其他混合动力汽车免征车船税。（ ）

【参考答案】×

【答案解析】根据《财政部 税务总局 工业和信息化部 交通运输部关于节能新能源车船享受车船税优惠政策的通知》（财税〔2018〕74号）：“二、对新能源车船，免征车船税。（一）免征车船税的新能源汽车是指纯电动商用车、插电式（含增程式）混合动力汽车、燃料电池商用车。纯电动乘用车和燃料电池乘用车不属于车船税征税范围，对其不征车船税。”

7. 纳税人已经享受城镇土地使用税税收优惠但未按照规定备案的，属于纳税人自行发现的，应当在15个工作日内补办备案手续。（ ）

【参考答案】×

【答案解析】纳税人已经享受税收优惠但未按照规定备案的，属于纳税人自行发现的，应当及时补办备案手续；属于税务机关在管理中发现的，应当由税源管理部门责令纳税人限期（15个工作日）备案。

8. 铁路线路、公路线路、飞机跑道、停机坪、港口、航道占用应税

土地，减半征收耕地占用税。（　）

【参考答案】×

【答案解析】根据《中华人民共和国耕地占用税暂行条例》（中华人民共和国国务院令第 511 号）第九条："铁路线路、公路线路、飞机场跑道、停机坪、港口、航道占用耕地，减按每平方米 2 元的税额征收耕地占用税。"

9. 个人转让住房，因产权纠纷等原因未能及时取得房屋所有权证书，对于人民法院、仲裁委员会出具的法律文书确认个人购买住房的，法律文书的生效日期视同房屋所有权证书的注明时间，据以确定纳税人是否享受税收优惠政策。（　）

【参考答案】√

【答案解析】根据《国家税务总局关于个人转让住房享受税收优惠政策判定购房时间问题的公告》（国家税务总局公告 2017 年第 8 号）。

10. 拍卖行拍卖免税货物业务时，只需要在首次拍卖免税货物时，向主管税务机关履行免税备案手续。（　）

【参考答案】×

【答案解析】根据《国家税务总局关于明确部分增值税优惠政策审批事项取消后有关管理事项的公告》（国家税务总局公告 2015 年第 38 号）："纳税人享受上述增值税优惠政策，按以下规定办理备案手续：（一）纳税人应在享受税收优惠政策的首个纳税申报期内，将备案材料作为申报资料的一部分，一并提交主管税务机关。每一个纳税期内，拍卖行发生拍卖免税货物业务，均应在办理纳税申报时，向主管税务机关履行免税备案手续。"

11. 对实施备案管理的税收优惠事项，纳税人应当按照规定向税务机关报送备案材料。对应按规定备案但未备案的纳税人，税务机关应终止其享受税收优惠政策，并按规定追缴其已享受的减免税款，同时加收滞纳金。（　）

【参考答案】×

【答案解析】根据《国家税务总局关于税务行政审批制度改革若干问题的意见》（税总发〔2014〕107 号）第十一条："实施备案管理的事项，

纳税人等行政相对人应当按照规定向税务机关报送备案材料，税务机关应当将其作为加强后续管理的资料，但不得以纳税人等行政相对人没有按照规定备案为由，剥夺或者限制其依法享有的权利、获得的利益、取得的资格或者可以从事的活动。纳税人等行政相对人未按照规定履行备案手续的，税务机关应当依法进行处理。”

12. 经批准开山填海整治的土地和改造的废弃土地，从使用的月份起免缴土地使用税 3 年至 5 年。（ ）

【参考答案】×

【答案解析】根据《中华人民共和国城镇土地使用税暂行条例》（中华人民共和国国务院令第 483 号）第六条第六款：“经批准开山填海整治的土地和改造的废弃土地，从使用的月份起免缴土地使用税 5—10 年。”

13. A 企业 2017 年采取按国（地区）分别计算其来源于境外的应纳税所得额和抵免限额，出于财务考虑，2018 年 1 月起采用不按国（地区）别汇总计算（以下简称新方式）其来源于境外的应纳税所得额和抵免限额，该企业向主管局申请 3 年内按新方式计算的抵免限额中继续结转 2017 年没抵免完的余额。

【参考答案】×

【答案解析】《财政部　税务总局关于完善企业境外所得税收抵免政策问题的通知》（财税〔2017〕84 号）第一条：“企业可以选择按国（地区）别分别计算（即‘分国（地区）不分项’），或者不按国（地区）别汇总计算［即‘不分国（地区）不分项’］其来源于境外的应纳税所得额，并按照财税〔2009〕125 号文件第八条规定的税率，分别计算其可抵免境外所得税税额和抵免限额。上述方式一经选择，5 年内不得改变；企业选择采用不同于以前年度的方式（以下简称新方式）计算可抵免境外所得税税额和抵免限额时，对该企业以前年度按照财税〔2009〕125 号文件规定没有抵免完的余额，可在税法规定结转的剩余年限内，按新方式计算。”

根据《中华人民共和国企业所得税法实施条例》第七十九条：“企业所得税法第二十三条所称 5 个年度，是指从企业取得的来源于中国境外的所得，已经在中国境外缴纳的企业所得税性质的税额超过抵免限额的当年的次年起连续 5 个纳税年度。”

14. 某高校向科技人员张某发放现金奖励10万元，在填报《扣缴个人所得税报告表》时，应将奖金10万元与当月工资、薪金8 000元合并，全额计入“收入额”列，同时将5万元填至《扣缴个人所得税报告表》“免税所得”列。（　）

【参考答案】√

【答案解析】根据《国家税务总局关于科技人员取得职务科技成果转化现金奖励有关个人所得税征管问题的公告》（国家税务总局公告2018年第30号）：“非营利性科研机构和高校向科技人员发放现金奖励，在填报《扣缴个人所得税报告表》时，应将当期现金奖励收入金额与当月工资、薪金合并，全额计入‘收入额’列，同时将现金奖励的50%填至《扣缴个人所得税报告表》‘免税所得’列，并在备注栏注明‘科技人员现金奖励免税部分’字样，据此以‘收入额’减除‘免税所得’以及相关扣除后的余额计算缴纳个人所得税。”

15. 枫林公司采用“公司＋农户”经营模式从事水果种植生产，可以按照规定享受企业得税减免政策。（　）

【参考答案】√

【答案解析】根据《国家税务总局关于“公司＋农户”经营模式企业所得税优惠问题的公告》（国家税务总局公告2010年第2号）：“以‘公司＋农户’经营模式从事农、林、牧、渔业项目生产的企业，可以按照《中华人民共和国企业所得税法实施条例》第八十六条的有关规定，享受减免企业所得税优惠政策。”

16. 张三出租商铺给某个体工商户，一次性收取2019年租金100万元，需要缴纳增值税。（　）

【参考答案】×

【答案解析】根据《国家税务总局关于小规模纳税人免征增值税政策有关征管问题的公告》（国家税务总局公告2019年第4号）：“一、小规模纳税人发生增值税应税销售行为，合计月销售额未超过10万元（以1个季度为1个纳税期的，季度销售额未超过30万元，下同）的，免征增值税。”“四、《中华人民共和国增值税暂行条例实施细则》第九条所称的其他个人，采取一次性收取租金形式出租不动产取得的租金收入，可在对应的租赁期内平均分摊，分摊后的月租金收入未超过10万元的，免征增值税。”

17. A公司向银行借款，同时A公司的母公司为A公司借款提供担保，三方共同签署借款合同，则三方均需缴纳印花税。（　）

【参考答案】×

【答案解析】根据《印花税暂行条例实施细则》第十五条：“条例第八条所说的当事人，是指对凭证有直接权利义务关系的单位和个人，不包括保人、证人、鉴定人。税目税率表中的立合同人，是指合同的当事人。母公司作为保人，不需要就合同缴纳印花税。”

18. 纪念馆在自己的场所提供文化体育服务取得的门票收入免征增值税。（　）

【参考答案】×

【答案解析】根据《财政部　国家税务总局关于全面推开营业税改征增值税试点的通知》（财税〔2016〕36号）：“纪念馆、博物馆、文化馆、文物保护单位管理机构、美术馆、展览馆、书画院、图书馆在自己的场所提供文化体育服务取得的第一道门票收入免征增值税。”

19. 对实行增值税期末留抵退税的纳税人，允许其从城市维护建设税、教育费附加和地方教育附加的计税（征）依据中扣除退还的增值税税额。（　）

【参考答案】√

【答案解析】根据《财政部　税务总局关于增值税期末留抵退税有关城市维护建设税　教育费附加和地方教育附加政策的通知》（财税〔2018〕80号）。

20. 2019年1月某建筑公司购买挂车10辆，可以减半征收车辆购置税。（　）

【参考答案】√

【答案解析】根据《财政部　税务总局　工业和信息化部关于对挂车减征车辆购置税的公告》（财政部　税务总局　工业和信息化部公告2018年第69号）：“一、自2018年7月1日至2021年6月30日，对购置挂车减半征收车辆购置税。购置日期按照《机动车销售统一发票》《海关关税专用缴款书》或者其他有效凭证的开具日期确定。”

四、综合题

2018年5月，未婚青年小李在A市购买了家庭唯一普通住房，面积为90平方米，合同价格为70万元；同时购买了一套面积为30平方米，合同价格为30万元的商铺。购买此住房和商铺时，小李足额缴纳了相关税款，取得了发票和完税凭证。

2018年10月，小李因A市城市建设改造，其购买的唯一住房被拆除，取得了80万元拆迁补偿款。小李用拆迁补偿款在A市重新购买了一套价值100万元、面积120平方米的普通住房。

2018年8月，小李与丙公司签订了房屋销售合同，将商铺转让给丙公司，销售合同价格为40万元。

2018年12月31日，小李与乙企业签订房屋租赁合同，将该重新购买的住房作为商用房出租给乙企业，租期从2019年1月1日至2020年12月31日，每月租金1万元。乙企业一次性付清2019年房租。

（注：以上房产交易价格均为不含税价，6税2费优惠减半征收。）

1. 2018年5月，小李购买家庭唯一住房，在办理契税优惠时，应提交的资料有（　　）。

A.《契税纳税申报表》

B. 房屋转移合同或具有合同性质的契约、合约、单据、确认书原件

C. 任意1名成年家庭成员现场签署纳税人《家庭住房实有套数诚信保证书》

D. 身份证原件

【参考答案】ABCD

【答案解析】根据《纳税人办税指南》，个人购买家庭唯一住房90平方米以上减按1.5%征收契税（财税〔2016〕23号），应报送：《契税纳税申报表》；房屋转移合同或具有合同性质的契约、协议、合约、单据、确认书原件及复印件；身份证、户口簿、结婚证（已婚的提供）原件及复印件或个人婚姻状况承诺书；家庭唯一住房证明材料；任意1名成年家庭成员现场签署纳税人《家庭住房实有套数诚信保证书》。

根据《国家税务总局关于简化契税办理流程取消（无）婚姻登记记录证明的公告》（国家税务总局公告2015年第71号）：“一、纳税人在申请办理家庭唯一普通住房契税优惠时，无须提供原民政部门开具的（无）婚姻登记记录证明。”

2. 2018年5月，小李购买家庭唯一住房，契税的申报期限及税额为（ ）。

A. 签订房屋权属转移合同或合同性质凭证的15日内；7 000元

B. 签订房屋权属转移合同或合同性质凭证的10日内；10 500元

C. 签订房屋权属转移合同或合同性质凭证的10日内；7 000元

D. 签订房屋权属转移合同或合同性质凭证的15日内；10 500元

【参考答案】C

【答案解析】根据《契税暂行条例》第九条：“纳税人应当自纳税义务发生之日起10日内，向土地、房屋所在地的契税征收机关办理纳税申报，并在契税征收机关核定的期限内缴纳税款。”根据《关于调整房地产交易环节契税 营业税优惠政策的通知》（财税〔2016〕23号）：“自2016年2月22日起，对个人购买家庭唯一住房（家庭成员范围包括购房人、配偶以及未成年子女，下同），面积为90平方米及以下的，减按1%的税率征收契税；面积为90平方米以上的，减按1.5%的税率征收契税。”因此税额为700 000 ×1% =7 000（元）。

3. 关于拆迁后用补偿款重新购买住房应缴纳契税，下列说法正确的是（ ）。

A. 小李应在被拆除房屋所在地税务机关办理退还已缴纳的契税

B. 小李应向重新购置住房所在地税务机关缴纳契税1 000元

C. 小李应向重新购置住房所在地税务机关缴纳契税1 500元

D. 小李应向重新购置住房所在地税务机关缴纳契税4 500元

【参考答案】D

【答案解析】根据《关于调整房地产交易环节契税 营业税优惠政策的通知》（财税〔2016〕23号）：“自2016年2月22日起，对个人购买家庭唯一住房（家庭成员范围包括购房人、配偶以及未成年子女，下同），面积为90平方米及以下的，减按1%的税率征收契税；面积为90

平方米以上的，减按1.5%的税率征收契税。”根据《财政部 国家税务总局关于企业以售后回租方式进行融资等有关契税政策的通知》（财税〔2012〕82）第三条：“市、县级人民政府根据《国有土地房屋征收与补偿条例》有关规定征收居民房屋，居民因个人房屋被征收而选择货币补偿用以重新购置房屋，并且购房成交价格不超过货币补偿的，对新购房屋免征契税；购房成交价格超过货币补偿的，对差价部分按规定征收契税。对拆迁居民重新购置住房的，对购房成交价格中相当于拆迁补偿款的部分免征契税，成交价格超过拆迁补偿款的，对超过部分征收契税。”100－70＝30（万元），300 000×1.5%＝4 500（元）。

4. 被拆迁人小李按照国家有关城镇房屋拆迁管理办法规定的标准取得的拆迁补偿款，免征（　　）。

A. 土地增值税　　B. 增值税

C. 印花税　　D. 个人所得税

【参考答案】ABD

【答案解析】A选项根据《中华人民共和国土地增值税暂行条例》（中华人民共和国国务院令第138号），因国家建设需要依法征用、收回的房地产免征土地增值税。

B选项根据《财政部 国家税务总局关于全面推开营业税改征增值税试点的通知》（财税〔2016〕36号）附件3：“土地所有者出让土地使用权和土地使用者将土地使用权（包括土地上的建筑物、构筑物、青苗等土地附着物）归还给土地所有者的情形免征增值税。”

C选项根据《中华人民共和国印花税暂行条例》（国务院令第11号），印花税属于列举征收，而“搬迁补偿协议”不在列举范围内，此搬迁补偿收入也可以暂不缴纳印花税。

D选项根据《国家税务总局关于个人取得被征用房屋补偿费收入免征个人所得税的批复》（国税函〔1998〕428号）及《财政部、国家税务总局关于城镇房屋拆迁有关税收政策的通知》（财税〔2005〕45号）规定，按照城市发展规划，在旧城改造过程中，对被拆迁人按照国家有关城镇房屋拆迁管理办法规定的标准取得的拆迁补偿款，属补偿性质的收入，无论是现金还是实物（房屋），均免予征收个人所得税。

5. 小李重新购置住房申报契税时需提交的资料有（　　）。

A. 房屋拆迁安置补偿协议书原件及复印件

B. 房屋买卖合同原件及复印件

C. 买方身份证明原件及复印件

D. 不动产所在地房地产主管部门出具的纳税人家庭成员住房情况书面查询结果

【参考答案】ABCD

【答案解析】根据《纳税人办税指南》："货币补偿：（1）房屋拆迁安置补偿协议书原件及其复印件。（2）房屋买卖合同原件及其复印件。（3）买方身份证明原件及其复印件。（4）委托他人代办的还需提供委托书和受托人身份证明原件及其复印件。（5）个人申请享受家庭唯一住房或家庭第二套改善性住房税收优惠政策的纳税人，需另加提供：①不动产所在地房地产主管部门出具的纳税人家庭成员住房情况书面查询结果原件（包括夫妻双方及未成年子女）；②任意1名成年家庭成员现场签署纳税人《家庭住房实有套数诚信保证书》；③户口簿、结婚（离婚）证、离婚协议（离异的提供）原件及复印件。（6）集体拆迁安置户补偿分配协议（申请减免契税金额超集体拆迁安置补偿金额人均数的需提供）。"

6. 小李出租住房，一次性收到2019年全年房租，应缴纳房产税为（　）元。

A. 8 400　　　　B. 4 800

C. 2 400　　　　D. 6 800

【参考答案】C

【答案解析】根据《财政部　国家税务总局关于廉租住房、经济适用住房和住房租赁有关税收政策的通知》（财税〔2008〕24号）："二、支持住房租赁市场发展的税收政策……（三）对个人出租住房，不区分用途，在3%税率的基础上减半征收营业税，按4%的税率征收房产税，免征城镇土地使用税。"

因此，应缴纳房产税＝10 000×12×4%×5%＝2 400（元）。

7. 下列关于房产税计征时间，说法正确的有（　　）。

A. 小李出租住房，房产税自房屋交付出租次月起计征

B. 丙公司购入的商铺自办理房屋权属转移、变更登记手续，房地产权属机关签发房屋权属证书次月起计征

C. 乙公司若自己购置新建商品房，自房屋交付使用次月起计征

D. 小李若在自有住房里经商，从生产经营当月起计征

【参考答案】ABCD

【答案解析】根据《中华人民共和国房产税暂行条例》的规定，纳税义务发生的时间：原有房屋用于生产经营的，从生产经营当月起计征；出租、出借的新建房屋，自使用、出租、出借当月起计征；购置新建商品房，自房屋交付使用次月起计征；购置存量房，自办理房屋权属转移、变更登记手续，房地产权属机关签发房屋权属证书次月起计征；出租、出借房产，自房屋交付出租、出借次月起计征。

8. 小李向税务机关申请代开增值税普通发票，以下关于增值税普通发票的说法正确的是（　　）。

A. “销售方开户行及账号”栏填写税收完税证凭证字轨及号码或系统税票号码

B. “货物或应税劳务、服务名称”栏填写不动产名称及房屋产权证书名称，“单位”栏填写面积单位

C. 在代开增值税发票的备注栏上，加盖税务机关代开发票专用章

D. 税务机关留存增值税普通发票第四、第五联

【参考答案】ABCD

【答案解析】根据《国家税务总局关于全面推开营业税改征增值税试点有关税收征收管理事项的公告》（国家税务总局公告2016年第23号）：“四、增值税发票开具……（四）销售不动产，纳税人自行开具或者税务机关代开增值税发票时，应在发票‘货物或应税劳务、服务名称’栏填写不动产名称及房屋产权证书号码（无房屋产权证书的可不填写），‘单位’栏填写面积单位，备注栏注明不动产的详细地址……（七）税务机关代开增值税发票时，‘销售方开户行及账号’栏填写税收完税凭证字轨及号码或系统税票号码（免税代开增值税普通发票可不填写）……税务机关为纳税人代开的增值税发票，统一使用六联增值税专用发票和五联增值税普通发票。第四联由代开发票岗位留存，以备发票扫描补录；第

五联交征收岗位留存，用于代开发票与征收税款的定期核对；其他联次交纳税人。税务机关应在代开增值税发票的备注栏上，加盖地税代开发票专用章。”

9. 下列涉及小李的说法，正确的有（ ）。

A. 小李出租房屋的个人所得税应税收入不含增值税

B. 小李出租房屋的房产税租金收入不含增值税

C. 小李转让房屋的个人所得税计算转让所得时可扣除的税费包括本次转让缴纳的增值税

D. 小李购买房屋计征契税的成交价格不含增值税

【参考答案】ABD

【答案解析】根据《关于营改增后契税 房产税 土地增值税个人所得税计税依据问题的通知》（财税〔2016〕43 号），A 选项依据第四条：“个人出租房屋的个人所得税应税收入不含增值税，计算房屋出租所得可扣除的税费不包括本次出租缴纳的增值税。个人转租房屋的，其向房屋出租方支付的租金及增值税额，在计算转租所得时予以扣除。”

B 选项依据第二条：“房产出租的，计征房产税的租金收入不含增值税。”

C 选项依据第四条：“个人转让房屋的个人所得税应税收入不含增值税，其取得房屋时所支付价款中包含的增值税计入财产原值，计算转让所得时可扣除的税费不包括本次转让缴纳的增值税。”

D 选项依据第一条，计征契税的成交价格不含增值税。

10. 小李转让商铺时分税种计税，关于应缴纳的各项税费，下列说法正确的是（ ）。

A. 应缴纳增值税 4 961. 94 元

B. 应缴纳城建税 333. 33 元

C. 应缴纳印花税 200 元

D. 免征个人所得税

【参考答案】BC

【答案解析】应缴纳增值税为：（400 000 − 300 000）÷（1 + 5%）× 5% = 4 761. 90（元）；城建税为：4 761. 90 × 7% = 333. 33（元）；印花税为：400 000 × 0. 0005 = 200（元），权利许可证照中的产权证书免征印花税；个人转让商铺应缴个人所得税。

第五章　证明办理管理

一、单选题

1. 办理《中国税收居民身份证明》开具的企业纳税人需要报送的资料是（　　）。

A.《中国税收居民身份证明》申请表

B. 税务登记证件或加载社会信用统一代码的营业执照（其他核准证件）原件及复印件

C. 申请年度在中国境内的完税证明复印件

D. 经办人身份证原件及复印件

【参考答案】A

【答案解析】根据《国家税务总局关于开具〈中国税收居民身份证明〉有关事项的公告》（国家税务总局公告2016年第40号）："四、申请人申请开具《税收居民证明》应当提交以下申请表和资料：（一）《中国税收居民身份证明》申请表；（二）与拟享受税收协定待遇的收入有关的合同、协议、董事会或者股东会决议、支付凭证等证明资料……（五）境内、外分支机构通过其总机构提出申请时，还需提供总分机构的登记注册情况……"

2. 车船税扣缴义务人（保险机构）代收代缴税款后，已经向纳税人开具记载车船税完税情况的交强险保单，纳税人事后需要换开正式完税凭证的，税务机关按规定要求为其开具（　　）。

A.《中华人民共和国税收缴款书（税务收现专用）》

B.《中华人民共和国税收完税证明（表格式一联）》

C.《中华人民共和国税收完税证明（文书式）》

D.《中华人民共和国税收完税证明（表格式）》

【参考答案】D

【答案解析】根据《国家税务总局关于实施〈税收票证管理办法〉若干问题的公告》（国家税务总局公告 2013 年第 34 号）：“（三）税收完税证明的使用管理……4. 扣缴义务人未按规定为纳税人开具税收票证的，税务机关核实税款缴纳情况后，应当为纳税人开具税收完税证明（表格式）。”

3. 关于《丢失增值税专用发票已报税证明单》开具事项，以下说法不正确的有（　　）。

A. 属于最多跑一次事项

B. 需要提交已丢失增值税专用发票的记账联原件及复印件

C. 需要填写《丢失增值税专用发票已报税证明单申请表》

D. 增值税专用发票记账联复印件和《丢失增值税专用发票已报税证明单》要留存备查

【参考答案】C

【答案解析】根据《纳税人办税指南》，ABD 为正确选项。

4. 完税证明重开时，如果不能通过“金三”系统进行重开的，应开具《税务事项受理通知书》，在（　　）个工作日内查找出原完税税收票证存根联或其他证明资料进行复印，在复印件上加盖业务专用章、备查章、此复印件与原件一致章，并通知纳税人凭《税务事项受理通知书》来领取反馈结果。

A. 1　　B. 2

C. 3　　D. 5

【参考答案】D

【答案解析】根据《全国税务机关纳税服务规范》，如果不能通过“金三”系统进行重开的，应开具《税务事项受理通知书》，在 5 个工作日内查找出原完税税收票证存根联或其他证明资料进行复印，在复印件上加盖业务专用章、备查章、此复印件与原件一致章，并通知纳税人凭《税务事项受理通知书》来领取反馈结果。查找困难的最多可延长至 10

个工作日。

5. 保险机构已向纳税人开具记载车船税完税情况的交强险保单，纳税人事后需要换开正式完税凭证的，需提供的报送资料有（　　）。

A. 车船登记管理部门核发的车船登记证书

B. 机动车、船行驶证

C. 购买车船的发票或者其他证明购置日期的文件

D. 机动车交通事故责任强制保险单复印件

【参考答案】D

【答案解析】根据《纳税人办税指南》，开具通过保险机构缴纳车船税完税凭证的需提供：居民身份证或其他证明身份的合法证件；记载车船税完税情况的交强险保单复印件。

6. 纳税人张某遗失车船税完税证明，以下说法不正确的有（　　）。

A. 张某可以到税务机关要求重新开具完税凭证

B. 需提交机动车行驶证原件和身份证原件

C. 需提供完税凭证持有联次遗失声明资料

D. 张某可以要求税务机关提供原完税凭证复印件

【参考答案】B

【答案解析】根据《税收票证管理办法》（国家税务总局令第 28 号）第四十六条："纳税人遗失已完税税收票证需要税务机关另行提供的，应当登报声明原持有联次遗失并向税务机关提交申请；税款经核实确已缴纳入库或从国库退还的，税务机关应当开具税收完税证明或提供原完税税收票证复印件。"根据《纳税人办税指南》，纳税人遗失已完税的各种税收票证需要重新开具的，还需提供本人身份证明原件（自然人提供）和纳税人完税凭证持有联次遗失声明资料（在市级以上公开发行的报刊，刊登遗失税收票证联次声明的报样原件）。

7. 网上申报扣缴税款完税凭证开具是指在网上办税平台自行申报并通过"财税库银横向联网电子缴税系统"划缴税款后，需要取得完税凭证的，可在办税服务厅申请开具（　　）。

A.《中华人民共和国税收完税证明（表格式）》

B.《中华人民共和国税收缴款书（税务收现专用）》

C.《中华人民共和国税收完税证明（文书式）》

D. 网上申报扣缴税款完税凭证

【参考答案】A

【答案解析】根据国家税务总局关于印发《全国税务机关纳税服务规范》相关表证单书的通知，纳税人、扣缴义务人、代征代售人通过财税库银横向联网电子缴税系统划缴税款到国库（经收处）后或收到从国库退还的税款后，当场或事后需要取得税收票证的，税务机关按规定要求为其开具。

根据《税收票证管理办法》以及国家税务总局《关于实施〈税收票证管理办法〉若干问题的公告》，税收完税证明分为表格式和文书式两种。《税收票证管理办法》第十七条第一款第（一）项规定："纳税人、扣缴义务人、代征代售人通过横向联网电子缴税系统划缴税款到国库（经收处）后或收到从国库退还的税款后，当场或事后需要取得税收票证的，开具的税收完税证明为表格式。"

8. 网上申报扣缴税款完税凭证到办税服务厅开具的，应报送的资料是（　　）。

A. 加载统一社会信用代码的营业执照或登记证件副本

B. 经办人身份证明复印件

C. 纳税人委托代理人申请的，需提供纳税人身份证复印件、有纳税人签名的委托书原件及代理人身份证原件及复印件

D. 纳税人涉税证明

【参考答案】A

【答案解析】根据《全国税务机关纳税服务规范》，开具税收完税证明需要报送的资料为加载统一社会信用代码的营业执照或登记证件副本。

9. 通过扣缴义务人缴纳个人所得税的完税证明换开，要求提供的资料有（　　）。

A. 居民身份证或其他证明身份的合法证件及其复印件

B. 扣缴义务人代扣代缴税款但未进行个人所得税明细申报的，应当提供盖有单位公章的包含申请人信息的工资表

C. 加盖公章的扣缴义务人缴纳税款的税收票证复印件

D. 加盖公章的扣缴义务人税务登记证复印件

【参考答案】A

【答案解析】根据《纳税人办税指南》，已缴纳个人所得税的自然人需要税务机关出具个人所得税纳税情况的，可以向主管税务机关申请开具个人所得税完税证明，需提供居民身份证或其他证明身份的合法证件及其复印件 。申请人所在单位未实行全员全额扣缴明细申报的还需提供已扣（缴）税款凭证复印件。

10. 纳税人张某 2019 年 1 月到税务机关要求开具其 2018 年度的个人所得税缴（退）税情况证明，税务机关应为其开具（　　）。

A.《税收完税证明》（文书式）　　B.《税收完税证明》（表格式）

C.《纳税记录》　　D.《税收缴款书》

【参考答案】A

【答案解析】根据《国家税务总局关于将个人所得税〈税收完税证明〉（文书式）调整为〈纳税记录〉有关事项的公告》（国家税务总局公告 2018 年第 55 号）："一、从 2019 年 1 月 1 日起，纳税人申请开具税款所属期为 2019 年 1 月 1 日（含）以后的个人所得税缴（退）税情况证明的，税务机关不再开具《税收完税证明》（文书式），调整为开具《纳税记录》（具体内容及式样见附件）；纳税人申请开具税款所属期为 2018 年 12 月 31 日（含）以前个人所得税缴（退）税情况证明的，税务机关继续开具《税收完税证明》（文书式）。"

二、多选题

1. 纳税人张某拟定于 2019 年 10 月因公出国，大使馆要求张某提供其纳税证明，张某可以通过申请开具《纳税记录》的方式有（　　）。

A. 电子税务局　　B. 手机 APP

C. 办税服务厅　　D. 自助办税终端

【参考答案】ABC

【答案解析】根据《国家税务总局关于将个人所得税〈税收完税证明〉（文书式）调整为〈纳税记录〉有关事项的公告》（国家税务总局公告 2018 年第 55 号）："三、纳税人可以通过电子税务局、手机 APP 申请开具本人的个人所得税《纳税记录》，也可到办税服务厅申请开具。”

2. 纳税人李某在车辆登记注册前将车辆购置税完税证明丢失，以下说法正确的有（　　）。

A. 导税员告知李某填写《车辆购置税完税证明补办表》

B. 导税员要求李某提供机动车行驶证

C. 导税员要求李某提供车辆合格证明复印件

D. 导税员要求李某提供的车辆购置税完税凭证联次

【参考答案】ACD

【答案解析】根据《车辆购置税征收管理办法》（国家税务总局令第33号）第二十五条：“完税证明发生损毁丢失的，车主在补办完税证明时，填写《车辆购置税完税证明补办表》（以下简称补办表），分别按照以下情形予以补办：（一）车辆登记注册前完税证明发生损毁丢失的，主管税务机关应依据纳税人提供的车辆购置税完税凭证联次或者主管税务机关车辆购置税完税凭证留存联次或者其电子信息、车辆合格证明补办。”

3. 证明办理规范部分，办理时限是即时办结的业务是（　　）。

A. 自然人个人所得税完税证明开具

B. 境外注册中资控股企业居民身份认定

C.《纳税记录》开具

D. 通过保险机构缴纳车船税的完税凭证开具

【参考答案】ACD

【答案解析】根据《全国税务机关纳税服务规范》，自然人个人所得税完税证明开具、《纳税记录》开具、通过保险机构缴纳车船税的完税凭证开具的办理时限为即时办结，境外注册中资控股企业居民身份认定办理时限为20个工作日。

4. 征收车辆购置税，需要设置的岗位有（　　）。

A. 开票岗　　B. 复核岗

C. 受理岗　　D. 收款岗

【参考答案】BC

【答案解析】根据《国家税务总局关于印发〈车辆购置税完税证明管

理办法〉的通知》（税总发〔2016〕113 号）第九条："主管税务机关在办理车辆购置税纳税申报时应一窗受理、内部流转，受理岗核实申报资料的完整性，并按规定计算征收税款后，由复核岗复核后打印完税证明，完税证明正副本应加盖完税证明专用章，再交由受理岗发放完税证明。"

5. 以下关于车辆购置税完税证明说法不正确的有（　　）。

A. 因开具错误作废的纸质完税证明，应当在正副本注明"作废"字样和作废原因，由专人核实无误后于三日内上交完税证明管理人员

B. 需停用的空白完税证明和填写作废的完税证明，应当由两人以上共同清点，编制销毁清册，并按月逐级上报市税务机关

C. 市税务机关应当对作废纸质完税证明、完税证明账簿及领用结报手册、报表等其他相关资料按季整理，装订成册归档保存，保存期限 10 年

D. 完税证明更正业务收回的完税证明按开具错误作废处理

【参考答案】AC

【答案解析】根据《国家税务总局关于印发〈车辆购置税完税证明管理办法〉的通知》（税总发〔2016〕113 号）第十一条："因开具错误作废的纸质完税证明，应当在正副本注明'作废'字样和作废原因，由专人核实无误后于三个工作日内上交完税证明管理人员，办理完税证明结报缴销手续，不得自行销毁。上缴作废完税证明数须与车购税征收系统完税证明作废数相符。"

第十二条："因退税收回的完税证明应注明'退税收回'字样，并在退税资料中留存。完税证明更正业务收回的完税证明按开具错误作废处理。"

第十三条："需停用的空白完税证明和填写作废的完税证明，应当由两人以上共同清点，编制销毁清册，并按月逐级上报市税务机关，市税务机关核实无误后集中销毁。"

第十六条："市税务机关应当对作废纸质完税证明、完税证明账簿及领用结报手册、报表等其他相关资料按季整理，装订成册归档保存，保存期限 5 年。"

6. 以下情形，缴费人可以向缴费税务机关申请开具社会保险费缴纳

情况证明的有（　　）。

A. 缴费人委托银行代扣代缴进行社会保险费批量扣款

B. 以单位身份参保的企业员工需要查询单位代缴社会保险费情况

C. 社会保险费缴费人发生社保关系转移

D. 实行了扣缴义务人明细申报，但信息化条件暂不具备的地区，缴费人向税务机关提出开具缴费证明

【参考答案】ABCD

【答案解析】根据《纳税人办税指南》，通过税务机关缴纳社会保险费的，缴费人可以向缴费税务机关申请开具社会保险费缴纳情况的证明。主要包括以下情形：（1）通过授权（委托）划缴协议委托银行代扣代缴进行社会保险费批量扣款的；（2）以单位身份参保的企业员工需要查询单位代缴社会保险费情况的（适用社会保险费明细管理的地区）；（3）社会保险费缴费人发生社保关系转移等情形；（4）实行了扣缴义务人明细申报，但信息化条件暂不具备的地区，缴费人向税务机关提出开具缴费证明要求的。

7. 实行了扣缴义务人明细申报，但信息化条件暂不具备的地区，缴费人向税务机关提出开具缴费证明要求时需提供的资料有（　　）。

A. 单位开具的身份证明

B. 开具社会保险费缴费证明申请表

C. 已扣缴费款凭证复印件

D. 缴费人身份证件

【参考答案】BCD

【答案解析】根据《纳税人办税指南》，应提供的资料有：《开具社会保险费缴费证明申请表》和缴费人身份证件（查验原件）；实行了扣缴义务人明细申报，但信息化条件暂不具备的地区，缴费人向税务机关提出开具缴费证明要求时还需提供已扣缴费款凭证复印件。

8. 下列涉税业务做法正确的有（　　）。

A. B 企业的会计人员可以在某市任意选择一个办税服务厅办理生产、经营纳税人个人所得税自行纳税申报业务

B. 2018 年 3 月跨省经营的企业财务负责人李某到外省出差，想起 2

月的税收完税证明尚未开具，遂就近到当地办税服务厅进行办理

C. 王某到秀南区税务局变更银行缴款账号，前台人员将《委托划转税款协议书》交给王某填写

D. 李某到同省邻市参加税务机关举办社会监督员督察活动，在参观办税大厅时顺便向前台人员咨询天使投资个人所得税税收优惠政策

【参考答案】ABD

【答案解析】A 选项根据《国家税务总局关于加快推行办税事项同城通办的通知》（税总发〔2016〕46 号），生产、经营纳税人个人所得税自行纳税申报业务属于同城通办范围。

B 选项根据《国家税务总局关于跨省经营企业涉税事项全国通办的通知》（税总发〔2017〕102 号）：“二、通办范围……4. 证明办理类。具体包括完税证明开具、开具个人所得税完税证明。”

C 选项根据《国家税务总局关于推行办税无纸化免填单服务的通知》（税总发〔2016〕103 号），《委托划转税款协议书》属于免填单范围。

D 选项税收政策咨询属于《国家税务总局关于开展办税事项省内通办工作的通知》（税总发〔2016〕104 号）省内通办的范围。

9. 下列属于即时办结事项的有（　　）。

A. 开具《丢失增值税专用发票已报税证明单》

B. 资源税管理乙种证明开具

C. 代收代缴车船税完税凭证开具

D. 自然人个人所得税完税证明开具

【参考答案】ABCD

【答案解析】根据《全国税务机关纳税服务规范》，自然人个人所得税完税证明开具、开具《丢失增值税专用发票已报税证明单》、通过保险机构缴纳车船税的完税凭证开具的办理时限为即时办结。

10. 2019 年 3 月底个体工商户张山销售一批石灰石，下列说法正确的有（　　）。

A. 张山需要到税务机关开具资源税管理证明

B. 购买张山销售的石灰石的企业不需要履行代扣代缴义务

C. 张山销售石灰石时开具增值税发票，则其应该自主申报资源税

D. 张山在申报资源税时可以享受 6 税 2 费减税政策

【参考答案】ABCD

【答案解析】ABC 选项根据《国家税务总局关于取消一批税务证明事项的决定》(国家税务总局令第 46 号):“税务机关不再开具或索要资源税管理证明，并通过以下措施强化监管：进一步加强开采地源泉控管，对已纳入开采地正常税务管理或者在销售矿产品时开具增值税发票的纳税人，实行纳税人自主申报，不采用代扣代缴的征管方式。”

D 选项根据《财政部　税务总局关于实施小微企业普惠性税收减免政策的通知》(财税〔2019〕13 号) 文件第三条，由省确定的关于资源税、附加税费、房产税、城镇土地使用税、印花税、耕地占用税的优惠政策，自 2019 年 1 月 1 日起执行。

三、判断题

1. 2019 年 2 月 1 日，一位纳税人因出国需要，向办税服务厅工作人员申请开具 2018 年度个人所得税的完税证明，为此工作人员为纳税人开具了相应的《税收完税证明》并加盖税务机关征税专用章。(　　)

【参考答案】×

【答案解析】根据《国家税务总局关于明确〈税收完税证明〉(文书式) 开具管理有关事项的通知》(税总函〔2018〕628 号):“一、自 2019 年 1 月 1 日起，《税收完税证明》不再作为税收票证管理，不再套印‘国家税务总局税收票证监制章’，加盖的税务机关印章由‘征税专用章’调整为‘业务专用章’。”

2. 纳税人 2019 年 1 月 1 日以后取得应税所得并由扣缴义务人向税务机关办理了全员全额扣缴申报，如果没有实际缴纳税款，无法开具《纳税记录》。(　　)

【参考答案】×

【答案解析】根据《国家税务总局关于将个人所得税〈税收完税证明〉(文书式) 调整为〈纳税记录〉有关事项的公告》(国家税务总局公告 2018 年第 55 号):“二、纳税人 2019 年 1 月 1 日以后取得应税所得并由扣缴义务人向税务机关办理了全员全额扣缴申报，或根据税法规定自行向税务机关办理纳税申报的，不论是否实际缴纳税款，均可以申请开具《纳税记录》。”

3. 缴费人王某2017年作为灵活就业人员缴纳社保费，2018年1月入职某企业，2019年1月到税务机关要求开具其社会保险费缴费证明，税务机关开具的社会保险费缴费证明中的缴费金额为王某作为单位职工时缴纳的社会保险费，无法开具其作为灵活就业人员时所缴纳的社会保险费。（　　）

【参考答案】×

【答案解析】根据《纳税人办税指南》，税务机关开具的社会保险费缴费证明中的缴费金额，既包括申请人作为单位员工时所缴纳的社会保险费，也包括作为灵活就业人员时所缴纳的社会保险费。

4. 车辆识别代号（车架号）和发动机号同时与原申报资料不一致的，纳税人可以到发证税务机关办理完税证明的更正。（　　）

【参考答案】×

【答案解析】根据《纳税人办税指南》，车辆购置税完税证明内容与原申报资料不一致时且不影响车辆购置税应纳税额的情形，纳税人可以到发证税务机关办理完税证明的更正。车辆识别代号（车架号）和发动机号同时与原申报资料不一致的不属于该情形。

5. 2019年3月8日起，税务机关取消税务机关不再开具或索要资源税管理证明，对于部分零散税源，确有必要的，可采用委托代征等替代管理方式。（　　）

【参考答案】√

【答案解析】根据《国家税务总局关于取消一批税务证明事项的决定》（国家税务总局令第46号）。

6. 纳税人一次缴纳多辆机动车车船税的，应根据车架号分别开具对应的完税凭证。（　　）

【参考答案】×

【答案解析】根据《国家税务总局　中国保险监督管理委员会关于机动车车船税代收代缴有关事项的公告》（国家税务总局　中国保险监督管理委员会公告2011年第75号）第三条第（二）款：“对于纳税人直接向

税务机关申报缴纳车船税的，税务机关应向纳税人开具含有车辆号牌号码等机动车信息的完税凭证。纳税人一次缴纳多辆机动车车船税的，可合并开具一张完税凭证，分行填列每辆机动车的完税情况；也可合并开具一张完税凭证，同时附缴税车辆的明细表，列明每辆缴税机动车的完税情况，并加盖征税专用章。”

7. 纳税人遗失已完税的各种税收票证，需要重新开具的，税务机关按规定为其开具或重开。（ ）

【参考答案】×

【答案解析】按照《税收票证管理办法》（国家税务总局第28号令）第十七条第一款第（一）项、第（二）项、第（三）项以及国家税务总局明确规定的其他情形开具的税收完税证明为表格式。具体情形为包括纳税人遗失已完税的各种税收票证（《出口货物完税分割单》、印花税票和《印花税票销售凭证》除外），需要重新开具的。

8. 纳税人提供加盖开具单位的相关业务章戳的“成交过户交割凭单”或“过户登记确认书”，并注明应予扣收税款的计税金额、税率和扣收税款的金额，可以向证券交易场所和证券登记结算机构所在地的主管税务机关提出申请开具印花税完税证明。（ ）

【参考答案】√

【答案解析】根据《国家税务总局关于证券交易印花税完税凭证有关问题的公告》（国家税务总局公告2014年第60号）。

四、综合题

一鸣有限公司于2018年1月成立，2018年2月该公司的办税人员张某到税务机关办理涉税事宜，并咨询下列问题：

一鸣公司从业人数为20人，2018年1月与10名残疾人签订三年用工协议，月基本工资2 200元，当地最低工资标准为2 000元。10名残疾人均持有《就业失业登记证》和《残疾人证》。

根据上述资料，回答下列问题：

1. 一鸣公司申请领用增值税专用发票前，应办理的税务事项有（ ）。

A. 实名办税

B. 增值税一般纳税人资格登记

C. 增值税发票核定

D. 增值税专用发票最高开票限额审批

【参考答案】ABCD

【答案解析】根据《国家税务总局关于推行新办纳税人“套餐式”服务的通知》（税总函〔2017〕564 号）：“新办纳税人‘套餐式’服务一般应包括以下 10 个涉税事项：网上办税服务厅开户、登记信息确认、财务会计制度及核算软件备案、纳税人存款账户账号报告、增值税一般纳税人登记、发票票种核定、增值税专用发票最高开票限额审批、实名办税、增值税税控系统专用设备初始发行、发票领用。”根据《国家税务总局关于新办纳税人首次申领增值税发票有关事项的公告》（国家税务总局公告 2018 年第 29 号）：“二、新办纳税人首次申领增值税发票主要包括发票票种核定、增值税专用发票（增值税税控系统）最高开票限额审批、增值税税控系统专用设备初始发行、发票领用等涉税事项。”

2. 一鸣公司在办理增值税专用发票最高开票限额审批时，以下说法不正确的有（　　）。

A. 申请增值税专用发票最高开票限额不超过 10 万元的，无须开展实地查验

B. 已由税务机关现场采集法定代表人实名信息的纳税人，申请增值税专用发票最高开票限额不超过 10 万元的，主管税务机关应自受理申请之日起 2 个工作日内办结

C. 税务机关受理增值税专用发票最高开票限额申请，应出具《税务行政许可受理通知书》

D. 税务机关受理增值税专用发票最高开票限额申请，主管税务机关应自受理之日起 20 个工作日内办结

【参考答案】CD

【答案解析】A 选项根据《国家税务总局关于简化增值税发票领用和使用程序有关问题的公告》（国家税务总局公告 2014 年第 19 号）：“二、简化专用发票审批手续　一般纳税人申请专用发票（包括增值税专用发

票和货物运输业增值税专用发票，下同）最高开票限额不超过十万元的，主管税务机关不需事前进行实地查验。”

B 选项和 D 选项根据《纳税人办税指南》，实行实名办税的地区，已由税务机关现场采集法定代表人（业主、负责人）实名信息的纳税人，申请增值税专用发票最高开票限额不超过 10 万元的，主管税务机关应自受理申请之日起 2 个工作日内办结，最高开票限额 10 万元以上 20 个工作日内办结。

C 选项根据《纳税人办税指南》，税务机关受理增值税专用发票最高开票限额申请，应出具《准予税务行政许可决定书》

3. 主管税务机关对张某咨询安置残疾人享受的税收优惠问题答复正确的有（　　）。

A. 该公司既可以享受安置残疾人增值税即征即退优惠，又可以享受促进重点人群就业定额抵减增值税优惠

B. 该公司既可以享受安置残疾人增值税即征即退优惠，又可以享受首次购进防伪税控专用设备价税款抵减增值税优惠

C. 该公司既可以享受安置残疾人增值税即征即退优惠，又可以减半征收该年度城镇土地使用税

D. 该公司既可以享受促进重点人群就业优惠，又可以在计算企业所得税应纳税所得额时按照支付给残疾职工工资的 100% 加计扣除

【参考答案】BCD

【答案解析】A 选项根据《财政部　国家税务总局关于促进残疾人就业增值税优惠政策的通知》（财税〔2016〕52 号）：“一、对安置残疾人的单位和个体工商户（以下称纳税人），实行由税务机关按纳税人安置残疾人的人数，限额即征即退增值税的办法。安置的每位残疾人每月可退还的增值税具体限额，由县级以上税务机关根据纳税人所在区县（含县级市、旗，下同）适用的经省（含自治区、直辖市、计划单列市，下同）人民政府批准的月最低工资标准的 4 倍确定。”

“七、如果既适用促进残疾人就业增值税优惠政策，又适用重点群体、退役士兵、随军家属、军转干部等支持就业的增值税优惠政策的，纳税人可自行选择适用的优惠政策，但不能累加执行。一经选定，36 个

月内不得变更。”

C 选项根据《财政部　国家税务总局关于安置残疾人就业单位城镇土地使用税等政策的通知》（财税〔2010〕121 号）第一条：“现就安置残疾人就业单位城镇土地使用税有关问题通知如下：一、对在一个纳税年度内月平均实际安置残疾人就业人数占单位在职职工总数的比例高于 25%（含 25%）低于 30%（不含 30%），且实际安置残疾人人数高于 10 人（含 10 人）的单位，可减半征收该年度城镇土地使用税。”

D 选项根据《财政部　国家税务总局关于安置残疾人员就业有关企业所得税优惠政策问题的通知》（财税〔2009〕70 号）：“企业安置残疾人员的，在按照支付给残疾职工工资据实扣除的基础上，可以在计算企业所得税应纳税所得额时按照支付给残疾职工工资的 100% 加计扣除。”

4. 一鸣公司向主管税务机关办理安置残疾人就业增值税即征即退资格备案时应提供的资料包括（　　）。

A. 《税务资格备案表》2 份

B. 与残疾人签订的劳动合同或服务协议原件及复印件

C. 加载社会统一信用代码的营业执照或登记证件

D. 通过银行等金融机构向残疾人实际支付工资凭证原件及复印件

【参考答案】A

【答案解析】根据《国家税务总局关于发布〈促进残疾人就业增值税优惠政策管理办法〉的公告》（国家税务总局公告 2016 年第 33 号）第三条：“纳税人首次申请享受税收优惠政策，应向主管税务机关提供以下备案资料：（1）《税务资格备案表》2 份。（2）安置的残疾人的《中华人民共和国残疾人证》或者《中华人民共和国残疾军人证（1 至 8 级）》复印件，注明与原件一致，并逐页加盖公章（能够获取相关信息的可取消复印件的报送）。（3）安置精神残疾人的，提供精神残疾人同意就业的书面声明以及其法定监护人签字或印章的证明精神残疾人具有劳动条件和劳动意愿的书面材料。（4）安置的残疾人的身份证明复印件，注明与原件一致，并逐页加盖公章。”

5. 一鸣公司 2 月安置残疾人增值税即征即退税款为（　　）元。

A. 0　　　　B. 20 000

C. 80 000　　　　D. 88 000

【参考答案】C

【答案解析】根据《国家税务总局关于发布〈促进残疾人就业增值税优惠政策管理办法〉的公告》（国家税务总局公告 2016 年第 33 号）第九条：“纳税人本期应退增值税额按以下公式计算：本期应退增值税额 = 本期所含月份每月应退增值税额之和；月应退增值税额 = 纳税人本月安置残疾人员人数 × 本月月最低工资标准的 4 倍。”

因此，本题为 10 × 4 × 2 000 = 80 000（元）。

第六章　纳税服务制度及管理规定

一、单选题

1. 某日，某县税务机关纳税服务股接到一般纳税人（非小微企业）的会计人员张某关于该局在办理该企业申请增值税专用发票最高开票限额审批的过程中，耗时两个月仍无办理结果反馈的投诉。对于这一投诉，规定的办理时限应当为（　　）个工作日。

A. 5　　　　B. 10

C. 15　　　　D. 20

【参考答案】D

【答案解析】根据《纳税服务投诉管理办法》的相关规定，上述案例中，对于税务机关及其工作人员未按规定时限办理、回复涉税事项的投诉属于对服务质效的投诉，应当在20个工作内进行答复。

2. 国税地税机构合并后，关于跨区域涉税事项报验管理有关事项，下列说法错误的是（　　）。

A. 纳税人首次在经营地办理涉税事宜时，向机构所在地的税务机关报验跨区域涉税事项

B. 纳税人跨区域经营合同延期的，可以向经营地或机构所在地的税务机关办理报验管理有效期限延期手续

C. 跨区域报验管理事项的报告、报验、延期、反馈等信息，通过信息系统在机构所在地和经营地的税务机关之间传递，实时共享

D. 纳税人跨区域经营活动结束后，应当结清经营地税务机关的应纳税款以及其他涉税事项，向经营地的税务机关填报《经营地涉税事项反

馈表》

【参考答案】A

【答案解析】根据《国家税务总局关于明确跨区域涉税事项报验管理相关问题的公告》（国家税务总局公告 2018 年第 38 号）：“四、纳税人首次在经营地办理涉税事宜时，向经营地的税务机关报验跨区域涉税事项。”

3. 下列涉税业务的办理属于即时办结的是（　　）。

A. 车船税完税凭证换开　　B. 非正常户解除

C. 对纳税人变更纳税定额的核准　　D. 单位纳税人清税注销

【参考答案】A

【答案解析】根据《纳税人办税指南》，车船税完税凭证换开为即时办结事项；非正常户解除办结时限为 10 个工作日；对纳税人变更纳税定额的核准办理时限为 20 个工作日；单位纳税人清税注销的办理时限为 20 个工作日。

4. 为贯彻落实国务院“放管服”改革要求，规范涉税专业服务，国家税务总局制定发布了《涉税专业服务监管办法（试行）》。下列关于涉税专业服务监管说法正确的是（　　）。

A. 税务师事务所、会计师事务所、律师事务所从事专业税务顾问、税收策划、涉税鉴证、纳税情况审查业务，应当按季向税务机关单独报送相关业务信息

B. 涉税专业服务机构应当向税务机关提供机构和从事涉税服务人员的姓名、身份证号、专业资格证书编号、业务委托协议等实名信息

C. 税务师事务所、从事涉税专业服务的会计师事务所和律师事务所，办理商事登记后，应向省税务机关办理行政登记

D. 涉税专业服务机构应当以半年报告形式，向税务机关报送从事涉税专业服务的总体情况

【参考答案】B

【答案解析】选项 A 根据《涉税专业服务监管办法（试行）》（国家税务总局公告 2017 年第 13 号）第六条：“涉税专业服务机构为委托人出具的各类涉税报告和文书，由双方留存备查，其中，税收法律、法规及

国家税务总局规定报送的，应当向税务机关报送。”

选项C根据第七条：“税务机关应当对税务师事务所实施行政登记管理。税务师事务所办理商事登记后，应当向省税务机关办理行政登记。从事涉税专业服务的会计师事务所和律师事务所，依法取得会计师事务所执业证书或律师事务所执业许可证，视同行政登记。”

选项D根据第九条：“涉税专业服务机构应当以年度报告形式，向税务机关报送从事涉税专业服务的总体情况。税务师事务所、会计师事务所、律师事务所从事专业税务顾问、税收策划、涉税鉴证、纳税情况审查业务，应当在完成业务的次月向税务机关单独报送相关业务信息。”

5. 以下税收优惠事项的办理当中，需要提交《纳税人减免税备案登记表》的涉税业务是（　　）。

A. 大型运输企业自有港口的码头用地城镇土地使用税优惠

B. 某大型国有企业困难性房产税优惠

C. 某小规模纳税人印花税叠加优惠

D. 某小型微利企业企业所得税优惠

【参考答案】A

【答案解析】根据《纳税人办税指南》的相关规定，选项A应当办理城镇土地使用税优惠备案手续，需填制《纳税人减免税备案登记表》；选项B为房产税优惠核准，应当填写《纳税人减免税申请核准表》；选项C根据小规模纳税人普惠性税收优惠政策的规定，纳税人自行申报享受减征优惠，不需额外提交资料；选项D为以申报代替备案，无须提交备案材料。

6. 2019年1月，由于适逢加盖旧发票监制章的发票需要换票、金税三期并库业务调整等原因，造成2019年1月某县城的办税服务厅出现纳税人长时间排队的情况。为此，纳税人对该县局提出增设办税服务厅窗口、增加办税服务人员的建议。对于此类涉税需求，该县局的响应或反馈的时间应当为（　　）个工作日。

A. 10　　B. 15

C. 20　　D. 30

【参考答案】B

【答案解析】根据《国家税务总局关于加强纳税人需求管理工作的通知》（税总发〔2016〕128 号），对此此类一般性服务需求响应及反馈的时间应当为 15 个工作日。

7. 为对税务行政许可实施机关与申请人不在同一县的纳税人提供办理便利，申请人可在规定的申请期限内，选择由其主管税务机关代为转报申请材料。根据限时办结的管理规定，此类行政许可受理时限的起算时间为（　）。

A. 自纳税人提出代为转报申请开始

B. 自提供代为转报服务的税务机关接收资料开始

C. 自资料到达行政许可实施机关开始

D. 自行政许可实施机关受理转报材料开始

【参考答案】D

【答案解析】《根据国家税务总局关于简化税务行政许可事项办理程序的公告》（国家税务总局公告 2017 年第 21 号）："税务行政许可实施机关与申请人不在同一县（市、区、旗）的，申请人可在规定的申请期限内，选择由其主管税务机关代为转报申请材料。主管税务机关在核对申请材料后向申请人出具材料接收清单，并向税务行政许可实施机关转报。代办转报一般应当在 5 个工作日内完成。有条件的税务机关可以通过信息化手段实现申请资料网上传递。税务行政许可实施机关收到转报材料后，对符合受理条件的，出具并及时送达《税务行政许可受理通知书》。"

8. 以下关于纳税人培训辅导的工作安排当中，做法错误的是（　）。

A. 在纳税人办理涉税业务的过程当中，提示有关培训事项，引导纳税人积极参加纳税人学堂培训

B. 对符合小微企业普惠制税收优惠政策的纳税人发出通知，要求其 100% 到税务机关参加培训

C. 实体纳税人学堂提前一周在网络纳税人学堂发布课程通知

D. 通过实体纳税人学堂现场培训和网络纳税人学堂的视频培训实现小微企业培训的全覆盖

【参考答案】B

【答案解析】根据《全国税务机关纳税服务规范》当中纳税人学堂管理的相关规定，实体纳税人学堂的培训辅导课程，实行纳税人自愿报名，免费参加的管理机制。

9. 根据国家税务总局到2020年基本实现税收现代化的工作目标，纳税服务现代化的工作内涵是（　　）。

A. 优质便捷　　B. 方便高效

C. 公平高效　　D. 优质高效

【参考答案】A

【答案解析】国家税务总局于2013年提出通过创新理念、创新机制、创新组织、创新方法、创新能力、创新文化，逐步建立完备规范的税法体系、成熟定型的税制体系、优质便捷的服务体系、科学严密的征管体系、稳固强大的信息体系、高效清廉的组织体系，到2020年基本实现税收现代化。

二、多选题

1. 根据纳税人权益保护的相关规定，对于以下服务投诉事项，不应当在20个工作日内办结的有（　　）。

A. 纳税人投诉办税服务厅工作人员服务态度恶劣

B. 纳税人投诉稽查局工作人员违反稽查工作规程开展稽查工作

C. 小规模纳税人投诉税务机关工作人员无理由增加办理涉税业务所需的资料

D. 小微企业投诉税源管理部门工作人员未履行首问责任制相关规定

【参考答案】AD

【答案解析】根据《纳税服务投诉管理办法》的相关规定，选项A属于纳税人因不满服务态度进行的纳税服务投诉事项，应当在10个工作日内办结；B选项和C选项属于侵犯权益进行的纳税服务投诉事项，应当在20个工作日内办结；D选项根据《国家税务总局关于建立小微企业涉税诉求和意见快速响应机制的通知》（税总函〔2019〕40号），应当于5个工作日内办结。

2. 根据纳税信用评价的管理规定，以下不能够申报纳税信用评价及纳税信用补评的纳税人有（　　）。

A. 因涉嫌税收违法被立案查处尚未结案的纳税人

B. 税务机关正在依法处理，尚未办结的纳税人

C. 已申请税务行政复议、提起行政诉讼尚未结案的纳税人

D. 首次在税务机关办理涉税事宜之日起，时间不满一个评价年度的新设立企业

【参考答案】ABC

【答案解析】根据《纳税人办税指南》当中“纳税信用补评”的管理规定，纳税人因涉嫌税收违法被立案查处尚未结案；被审计、财政部门依法查出税收违法行为，税务机关正在依法处理，尚未办结；已申请税务行政复议、提起行政诉讼尚未结案等原因未予纳税信用评价，可待上述情形解除后，向主管税务机关申请补充评价。纳税人对未予纳税信用评价的原因有异议，也可向主管税务机关申请补充评价。同时根据《国家税务总局关于纳税信用评价有关事项的公告》，新设立企业指从首次在税务机关办理涉税事宜之日起时间不满一个评价年度的企业参加纳税信用评价。

3. 某企业财务人员小王 2019 年 3 月 27 日收到责令限期改正通知书后到办税服务厅申报所属期 2 月份税款，窗口人员甲受理并拟对其处以 100 元罚款。小王称其 3 月初发生车祸住院导致纳税期未能按时申报，申请免除滞纳金和处罚。以下说法正确的有（　　）。

A. 对公民处以 50 元以下、对法人或者其他组织处以 2 000 元以下罚款，可当场作出税务行政处罚

B. 除法律、法规、规章另有规定外，责令限期改正的期限一般不超过 30 日

C. 税务机关在实施行政处罚时，可单独引用税务行政处罚裁量基准作为依据，但不得因当事人的申辩而加重处罚

D. 办税服务厅不予受理小王该申请，在处罚前告知小王作出行政处罚决定的事实、理由、依据及拟处理结果，并告知其依法享有的权利

【参考答案】BD

【答案解析】根据国家税务总局《关于发布〈税务行政处罚裁量权行

使规则〉的公告》（国家税务总局公告2016年第78号）：

A选项对公民处以50元以下、对法人或者其他组织处以1 000元以下罚款，可当场作出税务行政处罚。

C选项税务机关在实施行政处罚时，应以法律、法规为依据，不能单独引用税务行政处罚裁量基准作为依据。不得因当事人的申辩而加重处罚。

4. 关于税务机关与纳税人的沟通及相关需求管理，以下说法不正确的有（　　）。

A. 纳税人满意度调查分为全面调查、专项调查和日常调查。其中全面调查每两年一次，由税务总局、省税务机关决定是否开展全面调查，县以下税务机关不得开展全面调查

B. 各级税务机关应按照档案管理规定，对纳税人满意度调查资料归档保存，保存期限为5年；对征集的纳税人需求资料归档保存，保存期限为3年

C. 对一般涉税需求，应于15个工作日内响应或反馈；对复杂涉税需求，应于20个工作日内响应或反馈

D. 从重要性和满意度两个方面，形成不同的服务改进策略：立即改进重要性高、满意度低的项目；继续优化重要性和满意度"双低"的项目；持续关注重要性低满意度高的项目；稳定发展重要性和满意度"双高"的项目

【参考答案】ACD

【答案解析】A选项根据《国家税务总局关于进一步规范纳税人满意度调查工作的指导意见》（税总发〔2016〕92号）："纳税人满意度调查分为全面调查、专项调查和日常调查。1. 全面调查。税务总局、省税务机关围绕税收工作重点，开展覆盖省、市、县三个层级税务机关、涉及多项调查指标的全面调查。全面调查每两年一次，由税务总局、省税务机关决定是否开展全面调查，市以下税务机关不得开展全面调查。"

C选项和D选项根据《国家税务总局关于加强纳税人需求管理工作的通知》（税总发〔2016〕128号）："对纳税人提出的简单需求，及时反馈；对一般涉税需求，应于15个工作日内响应或反馈；对复杂涉税需

求，应于30个工作日内响应或反馈……从重要性和满意度两个方面，形成不同的服务改进策略：立即改进重要性高、满意度低的项目；持续关注重要性和满意度‘双低’的项目；稳定发展重要性低满意度高的项目；继续保持重要性和满意度‘双高’的项目。”

5. 某日小张来到某办税服务大厅咨询个人所得税税收优惠政策及备案办理，工作人员引导小张通过扫描宣传资料中的“二维码”了解相关优惠政策。下列关于“二维码”一次性告知的说法，正确的有（　　）。

A. 办税服务厅人员和热线座席人员要主动引导纳税人扫描相应业务的二维码，帮助纳税人理解和使用二维码

B. “二维码”一次性告知事项内容主要包含“全国统一事项”和“地方适用事项”

C. 每一事项“二维码”经扫描跳转后展现的内容应包含“问题”“答案”“所属层级”三个部分

D. 各地税务机关应在办税服务厅的导税台、咨询台和各办税窗口明显位置摆放印有二维码图标的指南，同时在资料架上摆放宣传手册供纳税人查阅

【参考答案】ABD

【答案解析】C选项表述出自《国家税务总局办公厅关于建立“二维码”热点问答收集发布机制的通知》（税总办发〔2016〕177号），并非“二维码”一次性告知的要求。

6. 经“12366”热线举报线索，税务机关检查发现A公司在2016年多列支出少缴企业所得税50万元。经催缴后，A公司超期后未缴纳税款，主管税务机关将A公司列为非正常户。根据以上情形，说法正确的有（　）。

A. “12366”服务热线应将该举报案件转交稽查部门处理

B. 该情形属于重大税收违法案件

C. 应将A公司的非正常户认定信息进行公示

D. 非正常户认定信息应在非正常户认定的次日进行公示

【参考答案】AC

【答案解析】A选项，根据国家税务总局税总函〔2016〕621号附

件，该举报为一般税收违法行为的举报，应转交稽查部门处理。

B 选项根据《国家税务总局关于修订〈重大税收违法案件信息公布办法（试行）〉的公告》（国家税务总局公告 2016 年第 24 号）中“重大税收违法案件”标准的相关规定是错误的。

CD 选项，根据《税务总局三项制度试点工作领导小组办公室关于印送〈税收行政执法公示事项清单范本（试行）〉的通知》（国家税务总局政策法规司税总法便函〔2017〕405 号）规定，非正常户认定信息应在非正常户认定的次月进行公示。

7. 高级会计师张三和税务师李四共同创办了有限责任制税务师事务所，该税务师事务所发生以下行为，说法错误的有（　　）。

A. 张三担任该税务师事务所的法定代表，并自取得营业执照之日起 20 日内向所在地省税务机关提交材料，为该税务师事务所办理税务师事务所行政登记

B. 李四参加了由省税务机关纳税服务部门牵头召集的由税务机关、涉税专业服务社会组织及其行业协会和纳税人三方参加的会议，该类型的会议一般由省税务机关纳税服务部门牵头召集

C. 张三为纳税人、扣缴义务人的经营和投资活动提供符合税收法律法规及相关规定的纳税计划、纳税方案，并签署自己的名字

D. 该税务师事务所应在完成专业税务顾问、税收策划、涉税鉴证、纳税情况审查业务的次月底前，向主管税务机关报送《涉税专业服务协议要素信息采集表》

【参考答案】ABCD

【答案解析】选项 A 根据《国家税务总局关于发布〈税务师事务所行政登记规程（试行）〉的公告》（国家税务总局公告 2017 年第 31 号）第五条：“税务师事务所采取合伙制或者有限责任制组织形式的，除国家税务总局另有规定外，应当具备下列条件：（一）合伙人或者股东由税务师、注册会计师、律师担任，其中税务师占比应高于百分之五十。”第六条：“行政相对人办理税务师事务所行政登记，应当自取得营业执照之日起 20 个工作日内向所在地省税务机关提交材料。”

选项 B 根据《国家税务总局关于建立税务机关、涉税专业服务社会

组织及其行业协会和纳税人三方沟通机制的通知》（税总发〔2016〕101号）："召开由税务机关、涉税专业服务社会组织及其行业协会和纳税人三方参加的会议，包括座谈会、通报会、征询会、政策宣讲会等会议一般由省税务机关或市税务机关相关业务部门牵头召集，有条件的市可延伸至县税务机关。"

选项 C 根据《国家税务总局关于发布〈涉税专业服务监管办法（试行）〉的公告》（总局 2017 年 13 号公告）第五条："涉税专业服务机构可以从事下列涉税业务……（四）税收策划。对纳税人、扣缴义务人的经营和投资活动提供符合税收法律法规及相关规定的纳税计划、纳税方案……前款第三项至第六项涉税业务，应当由具有税务师事务所、会计师事务所、律师事务所资质的涉税专业服务机构从事，相关文书应由税务师、注册会计师、律师签字，并承担相应的责任。"

选项 D 根据《国家税务总局关于采集涉税专业服务基本信息和业务信息有关事项的公告》（2017 年第 49 号）："二、涉税专业服务业务信息采集……税务师事务所、会计师事务所、律师事务所应当于完成专业税务顾问、税收策划、涉税鉴证、纳税情况审查业务的次月底前，向主管税务机关报送《专项业务报告要素信息采集表》。"

8. 关于涉税专业服务，以下说法不正确的有（　　）。

A. 甲合伙制税务师事务所与某企业签订了一份税收策划协议，由该税务师事务所的合伙人张某为纳税人出具了一份本人签名的涉税策划书

B. 甲合伙制税务师事务所发展迅速，在 B 地设立分所，提拔了一名业绩突出的员工到分所担任负责人

C. 乙有限责任制税务师事务所积极配合税务机关工作，其股东李某受邀参加三方沟通机制征询会，并通报本所执业质量检查结果和执业问题整改情况

D. 乙有限责任制税务师事务所为招揽业务，按照纳税人要求出具虚假意见，造成纳税人少缴税款，税务机关发现后按照《中华人民共和国税收管理征管法》进行处罚，并暂停受理其代理的涉税业务 1 年

【参考答案】BD

【答案解析】A 选项根据《国家税务总局关于发布〈税务师事务所行

政登记规程（试行）〉的公告》和《国家税务总局关于发布〈涉税专业服务监管办法（试行）〉的公告》："税收策划应当由具有税务师事务所、会计师事务所、律师事务所资质的涉税专业服务机构从事，相关文书应由税务师、注册会计师、律师签字，并承担相应的责任。合伙人或者股东由税务师、注册会计师、律师担任。"

B选项根据《国家税务总局关于发布〈税务师事务所行政登记规程（试行）〉的公告》，税务师事务所分所的负责人应当由总所的合伙人或者股东担任。

C选项根据《国家税务总局关于建立税务机关、涉税专业服务社会组织及其行业协会和纳税人三方沟通机制的通知》，由税务机关通报涉税专业服务社会组织执业质量检查结果和执业问题整改情况等。

D选项根据《国家税务总局关于发布〈涉税专业服务监管办法（试行）〉的公告》，暂停受理其代理的涉税业务6个月。

9. 纳税人到税务机关或者通过电话等方式办理涉税事项或寻求涉税帮助时，首位接洽的税务工作人员务必严格履行首问责任制，以下纳入首问责任制业务范围的有（　　）。

A. 税收违法行为的检举　　B. 涉税业务办理

C. 税收工作建议　　D. 纳税服务投诉

【参考答案】BCD

【答案解析】根据《税务系统首问责任制度（试行）》的规定，纳入首问责任制的业务范围主要有：涉税业务办理、涉税业务咨询、纳税服务投诉和税收工作建议。

10. 除涉及国家秘密、商业秘密或个人隐私及其他依法不予公开的事项外，对准予税务行政许可的决定应当公示，以下是行政许可公示内容的有（　　）。

A. 准予税务行政许可决定书文号

B. 许可内容

C. 行政相对人单位法人

D. 行政相对人统一社会信用代码

【参考答案】ABD

【答案解析】根据《国家税务总局关于印发〈全面推进政务公开工作实施办法〉的通知》（税总发〔2017〕44 号）的相关规定，ABD 均属于其中的内容与事项，而行政相对人单位法人不属于公开的内容。

三、判断题

1. 基于“始于纳税人需求”的管理理念，因上一年度纳税人满意度过低，某市税务机关为再次对纳税人满意度进行评估，决定在今年开展一次全面性的纳税人满意度调查。（ ）

【参考答案】×

【答案解析】《国家税务总局关于加强纳税人权益保护工作的若干意见》（税总发〔2013〕15 号）规定：“在总局每两年开展一次全国纳税人满意度调查的基础上，省级税务机关可以适时开展对具体服务措施的满意度调查，但原则上在一个年度内不得对纳税人进行重复调查，以免增加纳税人负担。”

2. 为强化小微企业涉税诉求和意见办理的管理，支持小微企业发展的新要求，落实好小微企业普惠性税收减免政策，持续优化税收营商环境，对于小微企业的合理诉求和意见，一般情况下，需在 5 个工作日内办结。（ ）

【参考答案】√

【答案解析】根据《国家税务总局关于建立小微企业涉税诉求和意见快速响应机制的通知》（税总函〔2019〕40 号）要求，对小微企业合理诉求和意见限时办理，在直接受理或收到纳税服务部门转交诉求和意见后 5 个工作日内办结；对存在困难确实不能在规定期限内办理的，经分管局领导批准，可以适当延长，但最长不得超过 10 个工作日，并说明原因。对小微企业提出的政策建议、系统优化等短期内无法解决的诉求，税务部门应详细记录诉求内容，待后期条件成熟时解决。

3. 按照规定，年应征增值税销售额超 500 万元规定标准且不经常发生销售货物、提供加工修理修配劳务和销售服务、无形资产、不动产的单位和个体工商户，可选择按照小规模纳税人纳税，同时税务机关为此项业务提供“最多跑一次”的办理服务。（ ）

【参考答案】√

【答案解析】根据一般纳税人转登记为小规模纳税人的管理规定及国家税务总局关于发布《办税事项“最多跑一次”清单》的公告（国家税务总局公告 2018 年第 12 号），“一般纳税人转登记为小规模纳税人”为“最多跑一次”业务事项。

4. 跨省经营的纳税人办理财务会计制度及核算软件备案报告事项不属于全国通办事项，可以选择省内通办，也可以选择同城办理，并且可以免填《财务会计制度及核算软件备案报告书》。　（　）

【参考答案】×

【答案解析】根据《关于跨省经营企业涉税事项全国通办的通知》（税总发〔2017〕102 号）、《国家税务总局关于开展办税事项省内通办工作的通知》（税总发〔2016〕104 号）、《国家税务总局关于加快推行办税事项同城通办的通知》（税总发〔2016〕46 号），财务会计制度及核算软件备案报告事项属于全国通办、省内通办和同城办理事项，可以免于填写《财务会计制度及核算软件备案报告书》。

5. 办税服务厅发生人员冲突时，值班领导应第一时间介入，劝导相关人员当场沟通解决，以达到面对面化解矛盾的效果。　（　）

【参考答案】×

【答案解析】根据《全国税务机关纳税服务规范》现场冲突处理的相关规定，办税服务厅发生人员冲突时，值班领导应第一时间介入，引导相关人员到安静场所进行沟通。

6. 为体现纳税信用评价的客观性与公正性，纳税人对纳税信用评价结果有异议，可在纳税信用评价结果确定后的三年内向主管税务机关申请复核。　（　）

【参考答案】×

【答案解析】根据《纳税人办税指南》的相关规定，纳税人对纳税信用评价结果有异议，可在纳税信用评价结果确定的当年内（12 月 31 日前）向主管税务机关申请复核。

7. 增值税小规模纳税人地方税种的具体优惠幅度由各省、自治区、直辖市人民政府确定，并从公布之日起正式实施。　（　）

【参考答案】×

【答案解析】根据《财政部　税务总局关于实施小微企业普惠性税收减免政策的通知》（财税〔2019〕13 号）的相关规定，增值税小规模纳税人地方税种和相关附加减征政策自 2019 年 1 月 1 日起实施，纳税人符合条件但未及时申报享受减征优惠的，可依法申请退税或者抵减以后纳税期的应纳税款。

8. 为确保新个人所得税法的顺利实施，根据个人所得税身份信息冒用涉税违法检举管理机制的相关规定，通过办税服务厅、“12366”热线接收的冒用涉税违法检举将转交被检举人主管税务机关的税源管理部门进行办理并向检举人进行反馈，事后由接收部门对检举人进行回访，回访情况不满意的，需发回主管税务机关重办。（　）

【参考答案】×

【答案解析】根据《建立个人所得税身份信息冒用涉税违法检举管理机制的通知》，被检举人主管税务机关税源管理部门接到信息冒用涉税违法检举后，针对不同类型检举，通过启动调查或推送给扣缴义务人等方式进行调查核实，并在检举处理完毕后 1 个工作日内通过 ITS 系统或电话、短信等适当方式反馈给检举人，并无检举人回访流程。

9. 根据首问责任制的相关规定，办税服务厅工作人员对于纳税人提出的涉税疑难问题应当在 5 个工作日内由上级纳税服务部门协调相关业务部门给予明确的答复。（　）

【参考答案】×

【答案解析】根据《全国税务机关纳税服务规范》的相关规定，对于纳税人的涉税咨询问题，不能即时答复的，应于 5 工作日内回复；不能按期回复的，应在回复期限内向纳税人说明。

10. 2018 年 12 月，一位在一个市的多个县区均有经营场所的个体工商户对多个县区先后发出投诉，投诉税务机关在各县区实施定期定额管理的标准不一，存在执法不公的嫌疑。这一投诉应当由首先受理这一投诉的县（区）税务局进行受理，无须交由市局纳税服务科进行受理。（　）

【参考答案】√

【答案解析】根据《纳税服务投诉管理办法》的规定，纳税人的同一投诉事项涉及两个（含）以上税务机关的，应当由首诉税务机关牵头协调处理。首诉税务机关协调不成功的，应当向上级税务机关申请协调处理。

四、综合题

（一）

2019 年 2 月 15 日一早，实行查账征收按月申报的个体工商户常来餐馆的办税员王某到某办税服务厅办理业务，税期内大厅里有很多纳税人，办税服务厅显得十分拥堵。王某在大厅里转了一圈，发现办税服务厅 10 个窗口，只有 7 个窗口有工作人员，3 人参加业务培训，其窗口都摆放着暂停服务牌，咨询导税台也没有人。正在这时，从外面快步跑进来的导税员小李发现王某，就说："你瞎转什么！要办什么业务？"得知王某要办理申报纳税后，小李告诉他，该局制作了办税流程二维码，粘贴在导税台，可扫描学习，而王某坚持到窗口咨询。于是小李将王某指引到 5、6、7 号窗口排队。王某到申报窗口排了将近 2 个小时的队才快轮到。当王某把缴纳税款申报单递过去时，窗口内的办事人员小刘的手机铃声响起，小刘接通了电话聊了 10 分钟才挂断。挂了电话之后小刘看了一眼王某递过来的申报单，发现申报单填写不对，就直接把表单退还给王某，让其改了再来，接着就给其他纳税人办业务。王某重新填好表，再排队来到窗口前，已经过了 12：03 了，小刘以要下班为由，让其下午再来。王某怒道："我就是不会填才找你们的呀！好不容易轮到我，你在那里打了 10 分钟电话；我的表没填对，你起码也要告诉我错在哪里，改了给我办！来回折腾，你这是什么态度？"小刘也不耐烦地回应："有意见，找领导去，下班就是办不成了！"两人的矛盾顿时激化。王某走向领导值班岗，发现领导值班台无人值守，只放置了值班领导工牌和联系电话。王某很生气地回到窗口指责小刘。在办税服务厅内等待许久的其他纳税人也跟着指责办税服务厅办事效率低，服务差。办税服务厅负责人被围在人群中无法进行相应处理，过了 10 分钟，因事外出的值班领导张局长接到报告赶了回来，及时进行了处理。

常来餐馆2019年1月发生了以下业务，应如何填写申报表单：（1）取得餐饮收入7万元（不含税）；（2）销售使用过的小轿车一辆22万元（不含税）；（3）销售2017年购买的商铺一间给甲公司，取得收入160万元（不含税），该商铺的购入价格为100万元（不含税），保留有合法有效凭证，已向税务机关申请开具增值税专用发票；（4）出租商铺一间，每月租金3 000元（不含税）。

请根据上述资料回答以下问题：

1. 请判断以下情形是否符合《全国税务机关纳税服务规范》的要求，符合的打"√"，不符合的打"×"。

（1）3人参加业务培训。（ ）

（2）未开的窗口放置了暂停服务标牌。（ ）

（3）咨询导税台没有工作人员值守。（ ）

（4）外面快步跑进来的导税员小李对王某说："你瞎转什么，要办什么业务？"（ ）

（5）导税人员让王某自己扫描流程二维码，学习申报纳税。（ ）

（6）与纳税人沟通的过程中，小刘接通电话聊了10分钟。（ ）

（7）小刘发现申报单填写不对，就直接把表单退还让王某修改。（ ）

（8）12：03小刘以要下班为由，让王某下午再来。（ ）

（9）小刘与纳税人发生激烈争吵。（ ）

（10）值班领导因事外出，领导值班台无人值守，公示了值班领导和联系电话。（ ）

【参考答案】1. √ 2. √ 3. × 4. × 5. × 6. × 7. × 8. × 9. × 10. ×

【答案解析】

（1）（2）正确。

（3）工作人员离开岗位时应放置暂停服务标牌。

（4）税务人员在服务纳税人时应做到："1. 仪容举止：与纳税人交谈时，文明礼貌、态度谦和、真诚友善。2. 服务用语：①工作时间提倡使用普通话，做到语气平和、表达清晰。②使用规范、文明用语，禁用服务忌语。3. 接待规范：对纳税人提出的问题认真倾听，按‘首问责任制’要求办理或有效指引。”

（5）办税服务厅应当提供导税服务，设置导税岗。引导纳税人到相关的服务区域或窗口办理各类涉税事项；辅导纳税人填写涉税表格、预审办理资料、使用自助办税设施，解答纳税人办税咨询。岗位工作职责：“①准确引导。②主动辅导。③提供咨询。④查看设备运转情况。⑤预填单审核。⑥处理简单办税事项。⑦提供延时服务。⑧受理纳税人投诉及意见建议。”

（6）在办税服务厅办理业务过程中，遇到电话咨询涉税业务的，需在征得现场咨询纳税人同意的前提下，接听纳税人电话并尽快进行相应答复。

（7）一次性告知：一次性告知是指纳税人到税务部门办理、咨询涉税事项，承办人员必须一次性告知其要办理、咨询涉税事项的依据、时限、程序以及所需的全部资料。

（8）延时服务：延时服务制度是指税务机关对已到下班时间正在办理涉税事宜或已在办税服务场所等候办理涉税事项的纳税人提供延时办税的服务制度。

（9）在任何情况下，办税服务厅工作人员都不应当与纳税人争吵。

（10）办税服务厅领导值班制度，是指在征收期内要安排办税服务厅主管单位领导班子成员、科级试用期内领导干部和处级、科级后备干部、业务部门以及办税服务厅负责人员轮流到办税服务厅现场值守。因事外出的值班领导张局长应该设置 B 岗领导，及时介入突发事件应急处理中。

2. 税务人员应该怎样辅导王某正确填写小规模纳税申报表主表?

增值税纳税申报表

（小规模纳税人适用）

<table>
<tr><td>纳税人识别号：</td><td></td><td></td><td></td><td></td><td></td><td></td><td></td><td></td><td></td><td></td><td></td><td></td><td></td><td></td><td></td><td></td><td></td><td></td><td></td><td></td></tr>
</table>

纳税人名称（公章）： 金额单位：元至角分

税款所属期：填表日期：＊年＊月＊日

<table>
<tr><td rowspan="2"></td><td rowspan="2">项目</td><td rowspan="2">栏次</td><td colspan="2">本期数</td><td colspan="2">本年累计</td></tr>
<tr><td>货物及劳务</td><td>服务、不动产和无形资产</td><td>货物及劳务</td><td>服务、不动产和无形资产</td></tr>
<tr><td rowspan="14">一、计税依据</td><td>（一）应征增值税不含税销售额</td><td>1</td><td></td><td></td><td></td><td></td></tr>
<tr><td>税务机关代开的增值税专用发票不含税销售额</td><td>2</td><td></td><td></td><td></td><td></td></tr>
<tr><td>税控器具开具的普通发票不含税销售额</td><td>3</td><td></td><td></td><td></td><td></td></tr>
<tr><td>（二）销售、出租不动产不含税销售额</td><td>4</td><td>—</td><td></td><td></td><td></td></tr>
<tr><td>税务机关代开的增值税专用发票不含税销售额</td><td>5</td><td>—</td><td></td><td></td><td></td></tr>
<tr><td>税控器具开具的普通发票不含税销售额</td><td>6</td><td>—</td><td></td><td></td><td></td></tr>
<tr><td>（三）销售使用过的应税固定资产不含税销售额</td><td>7（7≥8）</td><td></td><td></td><td></td><td></td></tr>
<tr><td>其中：税控器具开具的普通发票不含税销售额</td><td>8</td><td></td><td></td><td></td><td></td></tr>
<tr><td>（四）免税销售额</td><td>9＝10＋11＋12</td><td></td><td></td><td></td><td></td></tr>
<tr><td>其中：小微企业免税销售额</td><td>10</td><td></td><td></td><td></td><td></td></tr>
<tr><td>未达起征点销售额</td><td>11</td><td></td><td></td><td></td><td></td></tr>
<tr><td>其他免税销售额</td><td>12</td><td></td><td></td><td></td><td></td></tr>
<tr><td>（五）出口免税销售额</td><td>13（13≥14）</td><td></td><td></td><td></td><td></td></tr>
<tr><td>其中：税控器具开具的普通发票销售额</td><td>14</td><td></td><td></td><td></td><td></td></tr>
</table>

续表

	项目	栏次	本期数		本年累计	
			货物及劳务	服务、不动产和无形资产	货物及劳务	服务、不动产和无形资产
二、税款计算	本期应纳税额	15				
	本期应纳税额减征额	16				
	本期免税额	17				
	其中：小微企业免税额	18				
	未达起征点免税额	19				
	应纳税额合计	20 = 15 - 16				
	本期预缴税额	21				
	本期应补（退）税额	22 = 20 - 21				

纳税人或代理人声明： 本纳税申报表是根据国家税收法律法规及相关规定填报的，我确定它是真实的、可靠的、完整的。	如纳税人填报，由纳税人填写以下各栏：
	办税人员：　　财务负责人： 法定代表人：　　联系电话：
	如委托代理人填报，由代理人填写以下各栏：
	代理人名称（公章）：　　经办人： 联系电话：

【答案解析】根据《财政部　国家税务总局关于部分货物适用增值税低税率和简易办法征收增值税政策的通知》（财税〔2009〕9 号）、《财政部　国家税务总局关于全国实施增值税转型改革若干问题的通知》（财税〔2008〕170 号）、《财政部　国家税务总局关于简并增值税征收率政策的通知》（财税〔2014〕57 号）、《国家税务总局关于一般纳税人销售自己

使用过的固定资产增值税有关问题的公告》（国家税务总局公告 2012 年第 1 号）：“3. 小规模纳税人（除其他个人外）销售自己使用过的固定资产，减按 2% 征收率征收增值税。”

（1）销售自己使用过的汽车，减按 2% 征收率征收增值税，减征 1% 的增值税。货物及劳务列的应纳税额 = 220 000 × 3% = 6 600（元）

应纳税额减征额 = 220 000 × 1% = 2 200（元）

（2）按照《国家税务总局关于小规模纳税人免征增值税政策有关征管问题的公告》（国家税务总局公告 2019 年第 4 号）：“一、小规模纳税人发生增值税应税销售行为，合计月销售额未超过 10 万元（以 1 个季度为 1 个纳税期的，季度销售额未超过 30 万元，下同）的，免征增值税。小规模纳税人发生增值税应税销售行为，合计月销售额超过 10 万元，但扣除本期发生的销售不动产的销售额后未超过 10 万元的，其销售货物、劳务、服务、无形资产取得的销售额免征增值税。”“四、《中华人民共和国增值税暂行条例实施细则》第九条所称的其他个人，采取一次性收取租金形式出租不动产取得的租金收入，可在对应的租赁期内平均分摊，分摊后的月租金收入未超过 10 万元的，免征增值税。”

所以餐饮收入和出租不动产收入 = 70 000 + 3 000 = 73 000（元），小于 100 000 元，未达起征点，需填报在“免税销售额”的“未达起征点销售额”为 73 000 元。

未达起征点免税额要分开核算：70 000 × 0. 03 + 3 000 × 0. 05 = 2 250（元）。

根据《国家税务总局关于小规模纳税人免征增值税政策有关征管问题的公告》（国家税务总局公告 2019 年第 4 号）：“七、小规模纳税人中的单位和个体工商户销售不动产，应按其纳税期、本公告第六条以及其他现行政策规定确定是否预缴增值税；其他个人销售不动产，继续按照现行规定征免增值税。该纳税人销售不动产差额征收，且应税收入超过 10 万元，需要在税务机关预缴增值税……”

销售、出租不动产不含税销售额为 600 000 元，应纳税额 = （1 600 000 − 1 000 000） × 0. 05 = 600 000 × 0. 05 = 30 000（元）。

因此收入与服务、不动产和无形资产列的“本期预缴税额”为 30 000 元。

增值税纳税申报表

（小规模纳税人适用）

纳税人识别号：	*	*	*	*	*	*	*	*	*	*	*	*	*	*	*	*	*	*	*	*

纳税人名称（公章）：常来餐馆　　　　　　　　　　金额单位：元至角分

税款所属期：2019 年 1 月 1 日至 2019 年 1 月 31 日　填表日期：2019 年 2 月 15 日

	项目	栏次	本期数		本年累计	
			货物及劳务	服务、不动产和无形资产	货物及劳务	服务、不动产和无形资产
一、计税依据	（一）应征增值税不含税销售额	1				
	税务机关代开的增值税专用发票不含税销售额	2				
	税控器具开具的普通发票不含税销售额	3				
	（二）销售、出租不动产不含税销售额	4	—	600 000	—	
	税务机关代开的增值税专用发票不含税销售额	5	—	1 600 000	—	
	税控器具开具的普通发票不含税销售额	6	—		—	
	（三）销售使用过的应税固定资产不含税销售额	7（7≥8）	220 000	—		—
	其中：税控器具开具的普通发票不含税销售额	8		—		—
	（四）免税销售额	9 = 10 + 11 + 12		73 000		
	其中：小微企业免税销售额	10				
	未达起征点销售额	11		73 000		
	其他免税销售额	12				
	（五）出口免税销售额	13（13≥14）				
	其中：税控器具开具的普通发票销售额	14				

续表

	项目	栏次	本期数		本年累计	
			货物及劳务	服务、不动产和无形资产	货物及劳务	服务、不动产和无形资产
二、税款计算	本期应纳税额	15	6 600	30 000		
	本期应纳税额减征额	16	2 200			
	本期免税额	17				
	其中：小微企业免税额	18				
	未达起征点免税额	19		2 250		
	应纳税额合计	20 = 15 − 16	4 400	30 000		
	本期预缴税额	21		30 000	—	—
	本期应补（退）税额	22 = 20 − 21	4 400	0	—	—

纳税人或代理人声明： 本纳税申报表是根据国家税收法律法规及相关规定填报的，我确定它是真实的、可靠的、完整的。	如纳税人填报，由纳税人填写以下各栏： 办税人员：王某　　财务负责人：王某 法定代表人：王某某　　联系电话：137 ********
	如委托代理人填报，由代理人填写以下各栏： 代理人名称（公章）：经办人： 联系电话：

（二）

2018 年 10 月 10 日，某市税务局纳服科接到 A 公司李会计的投诉电话，投诉的内容包括：

1. 2018 年 10 月 9 日下班前到主管税务机关 × × 城区分局办理申报缴税业务，工作人员说下班时间快到了，态度比较恶劣，纳税人很不满意，并且现场无法查找工作人员信息。

2. 税收管理员王某将公司的商业秘密泄露给竞争对手，造成公司损失，而且今年××城区分局已对公司进行了2次纳税评估。

3. 该市税务局纳服科在接听电话时进行了全程录音，经过审查于10月15日决定受理此项投诉，并责成××城区分局调查处理此投诉。××城区分局派管理员所在税源管理部门的部门领导调查投诉事项。该部门领导听取了投诉人和被投诉当事人的意见，并到A公司实地核查了损失情况，于10月30日调查完毕，调查结果如下：第一，对第一项投诉事项情况属实，责令××区分局纳税服务部门11月4日前进行整改，对相关工作人员批评教育。第二，对工作人员泄密事项，经调查情况不属实。第三，一年内进行两次评估事项，情况不属实，经核实今年对该企业只进行了一次纳税评估，但稽查局接到举报也对该企业进行了一次检查，企业误认为是2次纳税评估。

××城区分局于11月10日将整改结果书面报告了市税务局纳服科。市税务局纳服科于11月11日以电话方式将调查处理结果告诉了李会计，李会计表示满意。

根据以上资料，回答以下问题：

1. 根据《纳税服务投诉管理办法》，李会计的几项投诉事项分别属于对税务机关及其工作人员什么行为的投诉？

2. 请根据《纳税服务投诉管理办法》，指出税务机关在处理投诉事项过程中的不当行为，并说明原因。

【参考答案】

1. 根据《纳税服务投诉管理办法》，李会计的几项投诉事项中：

（1）对工作人员态度恶劣的投诉属于对服务态度不满意的投诉；

（2）对查找不到工作人员信息的投诉属于对服务质效不满意的投诉；

（3）对商业秘密泄露和2次纳税评估的投诉属于对侵害其合法权益的投诉。

2. 税务机关在处理投诉事项过程中存在以下不当行为：

（1）未告知投诉人进行电话录音行为不当。纳税人通过电话提出投诉的，税务机关在告知纳税人的情况下可以对投诉内容进行录音或者录像。

（2）市税务局纳税服务科于10月15日决定受理不当。税务机关收到投诉后，应于2个工作日内进行审查，决定是否受理。

（3）××城区分局派管理员所在税源管理部门的部门领导调查投诉事项不当。调查处理纳税服务投诉事项，应当由两名以上工作人员参加；调查人员与投诉事项或者投诉人、被投诉人有利害关系的，应当回避。

（4）投诉办结告知纳税人的时间不当。纳税人因不满服务态度进行的纳税服务投诉事项应当在10个工作日内办结。纳税人因服务质效和侵犯权益进行的纳税服务投诉事项，应当在20个工作日内办结；情况复杂的，经受理税务机关纳税服务部门负责人批准，可以适当延长办理期限，但延长期限不得超过15个工作日，并以适当形式告知投诉人。

（5）××城区分局整改报告的时间不当。被投诉人应当按照责令改正要求的限期，对投诉事项予以改正，并自限期期满之日起3个工作日内将改正结果书面报告作出处理决定的税务机关。

后 记

为了深入探索新时代税务教育培训的新思路和新方法，通过案例解析和实践操作等形式帮助税务干部提高业务水平和专业能力，中央财经大学税收教育研究所组织策划、编著了“税务干部培训教学题例精解”丛书。

中央财经大学税收教育研究所从全国税务系统邀请了数位既有丰富税收实践经验又有扎实理论基础的专家和业务骨干，于2018年2月在西安召开专题研讨会，集中讨论了编写大纲和具体要求；此后，又以不同形式组织各分册撰稿人对初稿进行了数次讨论和修订。

本套丛书首发《综合管理》《税收政策法规》《税务稽查》《纳税服务》四个分册。其中，《税务稽查》分册由国家税务总局邢台市税务稽查局景志伟执笔；《纳税服务》分册由国家税务总局陕西省税务局闫强执笔；《综合管理》和《税收政策法规》两个分册由中央财经大学税收教育研究所组织编写。中央财经大学贾绍华教授、首都经济贸易大学丁芸教授、原北京市国家税务局副巡视员焦建华女士、国家税务总局国际税务司原副巡视员王更生先生分别对相关分册进行了细致审核，提出了宝贵的修改意见。

本套丛书的编著得到了国家税务总局原副局长程法光先生

和郝昭成先生的悉心指导；郝昭成先生并作序。中央财经大学学术委员会主任李俊生教授、副校长马海涛教授、财政税务学院汤贡亮教授对本套丛书的编著给予了关怀和指导；贾绍华教授为本套丛书的策划、组织编写和出版倾注了大量心血，提出教材创意和编写思路，组织各位撰稿人、审稿人多次讨论修改大纲，审核修改稿件，协调出版工作。国家税务总局陕西省税务局张东先生，国家税务总局天长市税务局姜培忠先生，上海高顿教育集团董事长李锋先生、税务研究院执行院长杨赢女士给予了鼎力支持和帮助。

在这套丛书即将付梓面世之际，恰逢祖国七十华诞，时值中央财经大学建校七十周年！让我们在习近平新时代中国特色社会主义思想和十九大精神的指引下，紧紧围绕税收中心工作和当前税收工作主题、主线、主业，以《2018－2022 年全国税务系统干部教育培训规划》为遵循，为我国税务教育培训工作做出应有的贡献！

编　者

2019 年 4 月